Heiko Burchert, Jürgen Schneider
Betriebswirtschaftliche Unternehmensführung

Lehr- und Handbücher der Wirtschaftswissenschaft

Herausgegeben von
Univ.-Prof. Dr. habil. Thomas Hering und
Prof. Dr. Heiko Burchert

Heiko Burchert, Jürgen Schneider

Betriebswirtschaftliche Unternehmensführung

Aufgaben und Lösungen zum TOPSIM-Planspiel
General Management

DE GRUYTER
OLDENBOURG

ISBN 978-3-11-068609-8
e-ISBN (PDF) 978-3-11-068611-1
e-ISBN (EPUB) 978-3-11-068630-2
ISSN 2190-2739

Library of Congress Control Number: 2021942921

Bibliografische Information der Deutschen Nationalbibliothek
Die Deutsche Nationalbibliothek verzeichnet diese Publikation in der Deutschen
Nationalbibliografie; detaillierte bibliografische Daten sind im Internet über
http://dnb.dnb.de abrufbar.

Umschlaggestaltung: A-Digit / Gettyimages
Satz: le-tex publishing services GmbH, Leipzig
Druck und Bindung: CPI books GmbH, Leck

www.degruyter.com

Vorwort

Aus zwei Gründen gibt es dieses Buch: Einerseits ist da die stete Nachfrage unserer Studierenden nach Selbstlern- oder prüfungsbezogenen Übungsmaterialien auch zu den Modulen, in welchen Unternehmens-Planspiele zum Einsatz gelangen. Andererseits erreichen uns immer wieder Anfragen, wie der Einsatz von Unternehmens-Planspielen in betriebswirtschaftlichen Studiengängen und die damit verbundenen Modulprüfungen, einschließlich der kompetenzorientierten Bewertung der Planspielleistungen gestaltet werden können.

Für die Studierenden enthält dieses Buch daher entsprechende Aufgaben und Hinweise für ihre Auseinandersetzung mit dem Unternehmens-Planspiel in ihrem Studium. Für unsere Kollegen versteht sich dieses Buch als ein Rundum-Informations-Paket, für die Überlegung, selbst das Planspiel General Management in der betriebswirtschaftlichen Lehre zum Einsatz zu bringen. Alle Ausführungen basieren auf dem Unternehmens-Planspiel General Management Pro in der Version 15.3. Diese Variante des Planspiels zeichnet sich dadurch aus, daß die Komplexität der betriebswirtschaftlichen Entscheidungen schrittweise erhöht wird. Wir nutzen dieses Planspiel bereits seit mehr als zehn Jahren in unseren Bachelor-Studiengängen am Fachbereich Wirtschaft. Es eignet sich ideal, um in einem späteren Semester dazu beizutragen, die bis dahin isoliert vermittelten Teildisziplinen der Betriebswirtschaftslehre erstmals anwendungsorientiert zusammenzuführen.

Bielefeld, März 2021   Heiko Burchert und Jürgen Schneider

https://doi.org/10.1515/9783110686111-201

Inhalt

1 Einleitung

Gerichtet an Studierende, findet sich in den nächsten beiden Kapiteln ein Fundus von Aufgaben oder Anwendungsfällen. Während das Kapitel 2 aus Aufgaben besteht, welche einzelne Entscheidungsbereiche einer Unternehmensführung abbilden, sind im Kapitel 3 unternehmensbezogene Gesamtsituationen zur Bearbeitung bereitgestellt. Diese Aufgaben eignen sich zum Üben oder zum Nachlesen von Hinweisen und Anregungen, wenn man im Planspiel selbst mit einer vergleichbaren Herausforderung, bspw. im Einkauf, in der Fertigung, in der Finanzierung oder der Wertorientierung, konfrontiert wird. Mitunter enthalten bestimmte Lösungen auch Informationen aus der Seminarleiter-Perspektive, was als Vorbereitung auf eine abschließende Prüfung genutzt werden kann. Insofern die Planspielleistung einer Bewertung unterzogen wird, könnten auch die (eigentlich) an Lehrende gerichtete Empfehlungen zur Bewertung von Planspielleistungen, vgl. Kapitel 4.3, von Interesse sein.

Denjenigen, die das Unternehmens-Planspiel General Management zur anwendungsorientierten Bereicherung eines betriebswirtschaftlichen Studiums nutzen wollen, können sich hier in allen Punkten bedienen. Die Aufgaben in den Kapiteln 2 und 3 können als Übungsunterlagen für begleitende Lehrveranstaltungen oder als Prüfungsfundus dienen. Im Kapitel 4 sind konkrete Hinweise und Empfehlungen bei der Integration dieses Planspiels in die hochschulische Lehre enthalten. Es beginnt bei möglichen Lehrkonzepten, über die Gestaltung des Erstkontaktes der Studierenden mit dem Unternehmens-Planspiel bis hin zu Überlegungen, wie die erbrachte Planspielleistung Eingang in eine Modulnote finden kann.

Ein Index rundet das Buch ab.

https://doi.org/10.1515/9783110686111-001

2 Themenbezogene Einzelaufgaben

2.1 Der Management-Prozeß

Aufgabe 1: Die Struktur des Management-Prozesses

1. Aufgabenstellung

In folgendem Schaubild ist der Management-Prozeß bestehend aus seinen sieben Elementen dargestellt. Damit ist zusammengefaßt verdeutlicht, was Sie als Geschäftsleitung Ihres Unternehmens in jeder Entscheidungsrunde des Planspiels General Management zu leisten haben. (30 Punkte)

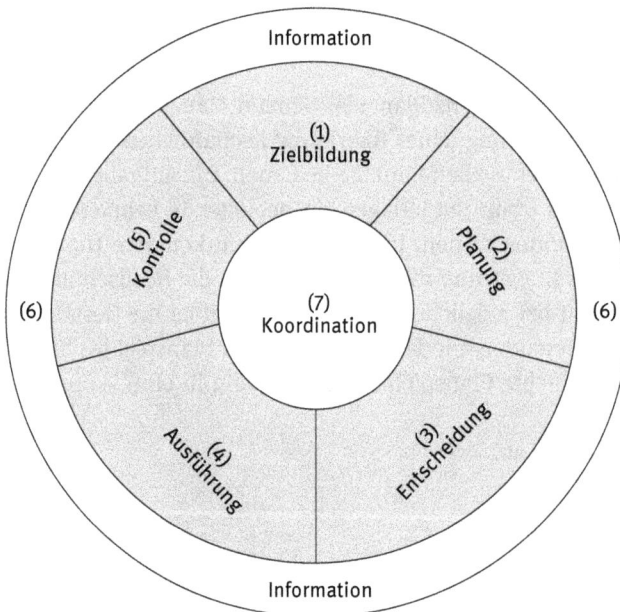

Abb. 2.1: Management-Prozeß (Quelle: Vgl. Wöhe/Döring/Brösel (2020), S. 48.)

Beschreiben Sie, wie diese sieben Elemente des Management-Prozesses im Planspiel General Management zu erledigen sind.

https://doi.org/10.1515/9783110686111-002

2. Lösung

Zielbildung

Im Rahmen der Zielbildung hat die Unternehmensleitung festzulegen, welche Ziele erreicht werden sollen. Übergeordnete Unternehmensvisionen und -leitbilder spielen dabei im Planspiel zumindest zu Beginn eher keine Rolle. Es geht hier im wesentlichen um konkret umsetzbare Handlungsziele in den Bereichen Erfolg, Finanzen, Produkte, Prozesse, Mitarbeiter und ökologischen Zielen. Als Planspielleitung messen wir den Erfolg der Unternehmensführung in Anlehnung an die Dimensionen einer Balanced Scorecard an den Größen Aktienkurs, Economic Value Added, Gesamtproduktivität der Mitarbeiter und Kundenzufriedenheit.[1] Dementsprechend legen die Unternehmensgruppen Ziele in diesen Feldern fest. Viele Gruppen versuchen, den Unternehmensgewinn zu maximieren.

Zu Beginn des Planspiels ist es für die Unternehmen wichtig, ein Ziel für die Absatzmenge festzulegen, weil sich aus dieser Größe entsprechende Hinweise für die nachfolgenden Entscheidungen ergeben (z. B. Marketing-Mix, Produktionsmenge sowie die erforderliche Anzahl von Mitarbeitern, Anlagen und Einsatzstoffe).

Planung

Die Planung erfolgt in engem Zusammenhang mit der Zielbildung und übt aufgrund ihrer Ergebnisse häufig auch eine Rückkoppelung auf die Ziele aus. Zunächst ist hier die Absatzmenge zu planen, weil sich daraus die Produktionsmenge und die Ressourcenplanung bezogen auf die Anlagen, Mitarbeiter und Einsatzstoffe ableitet. Die Planung des für die Absatzmenge notwendigen Marketing-Mixes bestehend aus der Höhe des Preises, Technologie auf Basis der Anzahl der Mitarbeiter in der Forschung und Entwicklung, die Budgets für Ökologie und Werbung sowie die Anzahl der Vertriebsmitarbeiter kann vor oder nach der Produktionsmengen- und Ressourcenplanung erfolgen.

Die bisherigen Planungen auf der Sachzielebene bezogen sich im wesentlichen auf Mengenplanungen (Absatzmenge, Maschinenanzahl, Mitarbeiterbestand, Einsatzstoffmenge usw.). Eine Umformung in Formalziele insbesondere im Erfolgs- und Finanzbereich erfolgt über die Bewertung der Verbrauchs- und Einkaufsmengen. Hier sind beispielsweise die zu verbrauchenden Einsatzmengen mit den entsprechenden Einkaufspreisen zu multiplizieren, um auf die Materialkosten zu gelangen. Aggregiert man die Erlöse und Kosten, läßt sich durch Gegenüberstellung das Ergebnis planen. Über die entsprechend bewerteten Ein-

---

1 Mehr dazu finden Sie im Kapitel 4.3 Bewertung von Planspielleistungen.

und Auszahlungen kann der Finanzmittelbedarf ermittelt werden. Diese Planungen sind äußerst komplex und gelingen ohne entsprechende Werkzeuge (Planungsrechnungen und Tabellenkalkulationen) zu Anfang eher selten oder nur zufällig.

Entscheidungen

Die Unternehmensleitung entscheidet im Team, mit welchen Werten aus der Planung die Entscheidungsfelder gefüllt werden sollen. Hier liegt insbesondere zu Beginn des Planspiels eine hohe Ungewißheit, weil man die Risikofreudigkeit und die strategischen Absichten der Konkurrenzunternehmen noch nicht einschätzen kann. Wichtig in diesem Zusammenhang ist eine gewissenhafte Eingabe und Speicherung der Entscheidungen in die Software, damit die Spielleitung die entsprechenden Daten bei der Simulation vorliegen hat.

Ausführung

Die Ausführung der Entscheidungen in Form von tatsächlichen Handlungen in Produktion und Vertrieb entfällt in der Simulation. Insofern können die Unternehmensleitungen ihre getroffenen Entscheidungen auch nicht mehr durch Korrekturen ändern, wenn im Rahmen der Ausführungen Probleme auftreten. Die Ausführung der Entscheidungen selbst führt der Seminarleiter durch die Berechnung der Simulation in der Software aus. Dieser Vorgang dauert im Planspiel nur wenige Minuten.

Kontrolle

Ob mit der Planung und den Entscheidungen die Ziele erreicht wurden, ist für die Unternehmen im Rahmen einer Auswertung feststellbar. Diese Auswertungen werden im Planspiel durch den Seminarleiter oder durch die Teilnehmer selbst anhand der Unternehmensberichte erstellt.

In unseren Seminaren präferieren wir eine Auswertung, bei der alle Unternehmen im Plenum eine vom Spielleiter moderierte Analyse der Markt- und Unternehmensdaten erhalten. Zusätzlich erhalten alle Unternehmen über die Planspielsoftware Zugang zu den spezifischen Unternehmensberichten, um entsprechende Schwachstellen aufzudecken und Überlegungen für deren Beseitigung zu entwickeln.

Information

Die Informationen umspannen den Management-Kreislauf und spielen im Planspiel in den Phasen Zielbildung, Planung und Kontrolle eine wichtige Rolle.

In der Zielbildungs- und Planungsphase sind die Wirtschaftsnachrichten der zu planenden Spielperiode äußerst wichtig. Hier erfahren die Teilnehmer, mit welchen Entwicklungen hinsichtlich Absatzmengen und Trends zu rechnen ist. Zudem finden sich hier wichtige Hinweise zu den Konditionen an den Beschaffungsmärkten und der Arbeitsmarktlage.

Neben den Wirtschaftsnachrichten sind die Unternehmensberichte der Vergangenheit ein wichtiges Informationsinstrument, weil hier entsprechende Angaben zu den abgelaufenen Perioden festgehalten sind. Insbesondere können Unternehmensleitungen durch angeforderte Markforschungsberichte die üblichen Einblicke in Konkurrenzunternehmen erhalten.

Koordination

Organisatorische Maßnahmen im Rahmen von Informations-, Kommunikations- und Weisungsregelungen sichern die Arbeitsteilung in Unternehmen für ein geordnetes Miteinander. Da aber im Planspiel der Ausführungsprozeß fehlt und die Managementleistung in der Zielbildung, Planung und Kontrolle im Vordergrund steht, liegt im Rahmen der Koordination in diesen Feldern der Fokus.

Das Team hat sich insofern selbst zu koordinieren und individuell eine Arbeitsweise zu finden, um die anstehenden Aufgaben bestmöglich zu erfüllen. Traditionelle und in der Praxis übliche Ressortaufteilungen z. B. in Vertrieb, Einkauf, Forschung und Entwicklung, Produktion, Personal, Controlling und Finanzen bieten sich hier an. Eine Jobrotation stellt in solchen Fällen sicher, daß alle Teilnehmer eine umfassende Sicht auf alle Teilbereiche der Unternehmensführung erhalten.

Gerade im Rahmen der Koordination bauen die Teilnehmer ein hohes Maß an Team- und Konfliktfähigkeit auf.

3. Literaturempfehlung

Wöhe, Günter; Ulrich Döring und Gerrit Brösel (2020): Einführung in die Allgemeine Betriebswirtschaftslehre, 27. Auflage. München, S. 47–49.

Aufgabe 2: Daten und Bereiche der Unternehmensplanung

1. Aufgabenstellungen

a) Auf welche drei Datenbestände, Analyseergebnisse und Überlegungen sollten Sie grundlegend zurückgreifen, wenn Sie die Entscheidungen einer nächsten Spielperiode zu egal welchem Planungsbereich festlegen wollen? Füllen Sie dazu die leeren Kästen der folgenden Abbildung. (6 Punkte)

```
┌──────────────┐   ┌──────────────┐   ┌──────────────┐
│              │   │              │   │              │
└──────┬───────┘   └──────┬───────┘   └──────┬───────┘
       └───────────────┐  │  ┌────────────────┘
                    ┌──────────────────┐
                    │ Entscheidungen der│
                    │  nächsten Periode │
                    └──────────────────┘
```

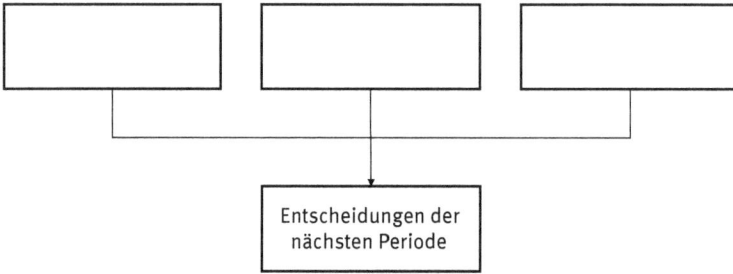

Abb. 2.2: Datenbestände für die Planung (leer)

b) Im Rahmen Ihrer Periodenplanungen haben Sie als Unternehmensleitung einen Planungsprozeß abzuarbeiten. Füllen Sie bitte folgendes Schaubild mit den darunter angegebenen Planungsinhalten. Die Ziffern geben die Reihenfolge der Planungsschritte an. (9 Punkte)

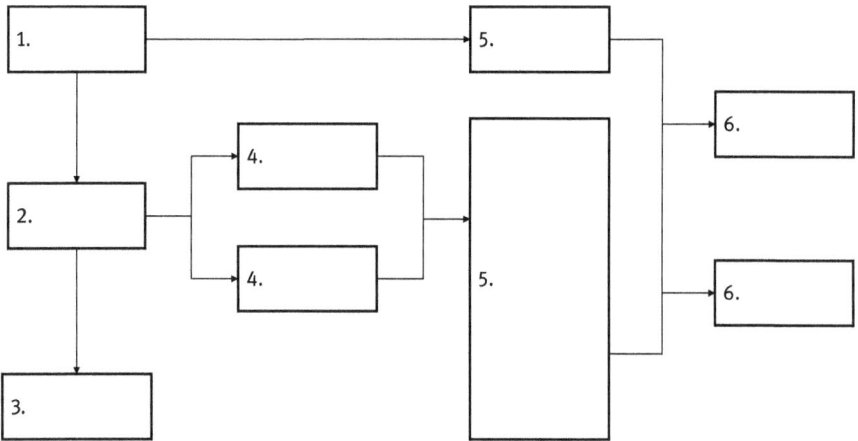

```
┌────────┐                        ┌────────┐
│ 1.     │────────────────────────│ 5.     │─────┐
└───┬────┘                        └────────┘     │
    │                                         ┌──────┐
    │           ┌────────┐                    │ 6.   │
    │       ┌───│ 4.     │───┐                └──────┘
┌───┴────┐  │   └────────┘   │   ┌────────┐
│ 2.     │──┤                ├───│        │
└────────┘  │   ┌────────┐   │   │        │
            └───│ 4.     │───┘   │ 5.     │   ┌──────┐
    │           └────────┘       │        │───│ 6.   │
┌───┴────┐                       │        │   └──────┘
│ 3.     │                       └────────┘
└────────┘
```

Abb. 2.3: Grobstruktur des Planungsprozesses (leer)

Planungsinhalte: Umsatzplanung, Kostenplanung, Personalplanung, Investitionsplanung, Absatzplanung, Finanzplanung, Beschaffungsplanung, Ergebnisplanung, Produktionsplanung

c) Im Rahmen Ihrer Unternehmensplanung können Sie ein Simulationstool nutzen, mit dessen Hilfe sich bestimmte Topkennzahlen (KPI) generieren lassen. Benennen Sie drei KPI's, die durch weitere Planüberarbeitungen dringend optimiert werden sollten. (3 Punkte)

	Planwerte	Vorperiode
Periodenüberschuss/ -fehlbetrag	-12,11 MEUR	6,52 MEUR
Absatz COPY Classic Markt 1	46.447 Stück	43.000 Stück
Herstellkosten COPY Classic	2.241,02 EUR/Stück	2.059,20 EUR/Stück
Selbstkosten COPY Classic	2.915,31 EUR/Stück	2.676,53 EUR/Stück
Auslastung Fertigungsmitarbeiter	110,0 %	99,7 %
Auslastung Fertigungsanlagen	89,2 %	95,2 %
Kassenbestand	0,10 MEUR	0,10 MEUR
Überziehungskredit	26,39 MEUR	43,37 MEUR
Eigenkapitalrendite	-38,42 %	26,10 %

Abb. 2.4: Beispiele für KPI's

2. Lösungen

Zu a)

Für die Festlegung der Entscheidungen werden zunächst Daten der Vergangenheit benötigt, um Informationen zu den Ressourcen und dem Marktverhalten der Konkurrenz zu erhalten. Diese Daten erhält man über die Marktforschungs- und Unternehmensberichte der Vorperiode(n).

Für die Entscheidungen bevorstehender Perioden ist es aber auch wichtig, einen Blick in die Zukunft zu werfen. Hier bieten sich die Wirtschaftsnachrichten an, da hier ein Ausblick auf die zu erwartende wirtschaftliche Entwicklung und Trends gegeben wird.

Nicht zuletzt spielen die aktuellen Zielsetzungen der Unternehmensleitung und die damit verbundene Strategie des Unternehmens eine wichtige Rolle bei der Festlegung der Entscheidungen, weil man nur mit einem in sich abgestimmten Entscheidungsbündel und entsprechend hinterlegten Maßnahmen Kurskorrekturen vornehmen kann und ggf. auch gegen Trends und Entwicklungen spielen kann. Somit ist die leere Abbildung wie folgt zu füllen:

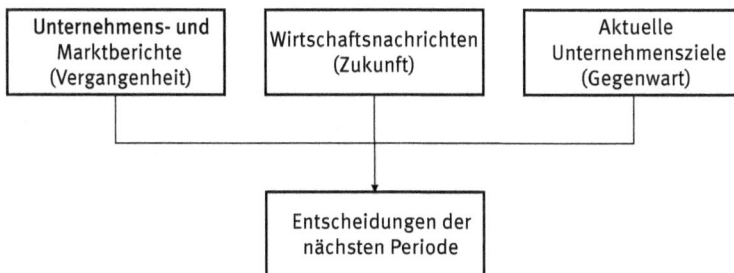

Abb. 2.5: Datenbestände für die Planung (gefüllt)

Zu b)

Eine Planung setzt i. d. R. an einem Engpaß an. Im Planspiel General Management stellen die Absatzmärkte den Engpaß dar, weil es beschaffungsseitig kaum Beschränkungen gibt. Aus diesem Grund startet die Planung bei der Absatzmenge, die sich mit Informationen aus den Wirtschaftsnachrichten und den Absichten der Unternehmensleitung planen läßt. Ein wirksamer Marketing-Mix unterstützt dabei die Realisierung des Absatzmengenziels.

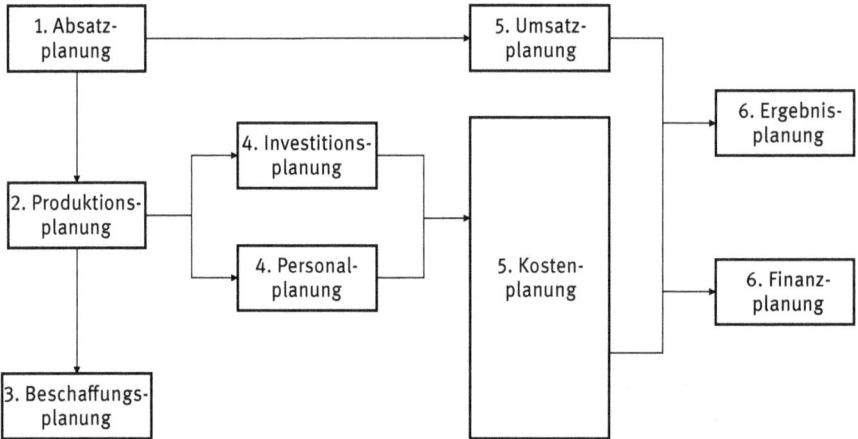

Abb. 2.6: Grobstruktur des Planungsprozesses (gefüllt)

Wenn die Absatzmenge feststeht, kann die Fertigungsmenge geplant werden. Dabei sind etwaige Lagerbestände an Fertigerzeugnissen zu berücksichtigen. Steht die Fertigungsmenge fest, lassen sich die Einsatzstoffmenge, die Anzahl der Maschinen und die Mitarbeiterstärke planen. Insofern schließen sich an die Produktionsplanung die Beschaffungs-, die Investitions- und die Personalplanung an.

Bis zu diesem Planungsschritt erfolgt eine reine Mengenplanung. Durch die Bewertung der Absatzmenge mit dem Absatzpreis kann dann die Umsatzplanung erfolgen. Die Kostenermittlung erfolgt über die Verbräuche an Einsatzstoffen, Personal und Anlagen. Stellt man Umsatz und Kosten gegenüber, läßt sich damit das Ergebnis planen. Die Finanzplanung aus der Gegenüberstellung von Ein- und Auszahlungen kann simultan zur Ergebnisplanung erfolgen. Sie gibt Aufschluß über den Kapitalbedarf.

Zu c)
Kennzahlen mit Optimierungsbedarf:
Periodenfehlbetrag: Kosten zu hoch, Umsatz zu niedrig
Absatzmenge: Überprüfung mit der geplanten Absatzmenge; Verdacht liegt nahe, daß die Ist-Produktionsmenge aufgrund der Überlastung des Personals geringer war als die geplante Produktionsmenge
Herstellkosten: deutliche Erhöhung gegenüber der Vorperiode
Selbstkosten: deutliche Erhöhung gegenüber der Vorperiode
Fertigungsmitarbeiter: Überauslastung der Fertigungsmitarbeiter; zu wenig Fertigungspersonal
Fertigungsanlagen: Unterauslastung der Fertigungsanlagen; Ursache liegt im fehlenden Fertigungspersonal
Kassenbestand: kein Optimierungsbedarf
Überziehungskredit: zu hoch, wenn die Entscheidungen zur Aufnahme von Krediten schon verfügbar waren
Eigenkapitalrendite: aufgrund des Periodenfehlbetrags negativ

3. Literaturempfehlung
TOPSIM (2019b): TOPSIM – General Management. Teilnehmerhandbuch Einführung. Version 15.3 Pro Szenario. Tübingen. Herunterladbar von: https://cloud.topsim.com/index.php?id=9#handbooks.
Wöhe, Günter; Ulrich Döring und Gerrit Brösel (2020): Einführung in die Allgemeine Betriebswirtschaftslehre, 27. Auflage. München, S. 47–259.

Aufgabe 3: Kontroll-Bereiche im Rahmen der Planung

1. Aufgabenstellungen
Gegenstand der Kontrollen im Rahmen der Unternehmens-Planungen sind zumeist widererwartend aufgetretene Differenzen. Klassischerweise verbergen sich derartige Differenzen in sogenannten Soll-Ist-Abweichungen. Zum einen wurde etwas geplant (Soll-Größen), was zum anderen von der Wirklichkeit der eingetretenen Ergebnisse der getroffenen Entscheidungen (Ist-Größen) überholt wurde.

Die am Beispiel des Unternehmens-Planspiels General Management sehr schön zu beobachtenden Differenzen sind Mengenabweichungen. Mengenabweichungen treten auf, wenn ursprünglich getroffene Mengenplanungen sich nicht verwirklicht haben. Mengenplanungen treten im leistungswirtschaftlichen Bereich jedes Unternehmens auf. Dies sind im einzelnen die Beschaffung mit der zu beschaffenden Menge an Einsatzstoffen für die Produktion, die Produktion mit der geplanten Produktionsmenge und nicht zuletzt der Absatz mit den dort zu

beobachtenden Größen geplante, potentielle und tatsächliche Absatzmenge. Zu
deren Vertiefung folgen hierzu einige Aufgaben.

a) Welche Mengen haben Sie im Rahmen des Planspiels General Management
    zu planen? Erläutern Sie kurz unter Berücksichtigung welcher Überlegungen
    die jeweiligen Planungen zu erfolgen haben. (9 Punkte)

b) Worin bestehen die Ursachen für einen Lagerbestand im Einsatzstoff- und im
    Fertigteillager? (4 Punkte)

c) Im Planspiel werden Ihnen bei den unternehmensinternen Analysen zum
    Absatz die potentielle und die tatsächliche Absatzmenge bekanntgegeben.
    Was kennzeichnet jede dieser Größen und wodurch unterscheiden sie sich.
    (3 Punkte)

d) Ist es möglich, daß die tatsächliche Absatzmenge die potentielle Absatzmen-
    ge übersteigt? Erklären Sie kurz die Ursache. (3 Punkte)

e) Ist es möglich, daß die tatsächliche Absatzmenge kleiner ist als die potentielle
    Absatzmenge? Erklären Sie kurz die Ursache. (3 Punkte)

f) Welche Marktsituation liegt vor, wenn die tatsächliche Nachfrage der poten-
    tiellen Nachfrage entspricht? (3 Punkte)

2. Lösungen

Zu a)

Bezogen auf die Reihenfolge der Planung, vgl. Aufgabe 2b zu den Daten und Bereiche der Unternehmensplanung, sind die Absatzmenge, die Produktionsmenge
und die Beschaffungsmenge zu planen.

Die Absatzmenge kennzeichnet die Menge an Kopierern, die an den jeweiligen Märkten abgesetzt werden sollen. Unabhängig davon sind Entscheidungen
dahingehend zu treffen, ob und wenn ja, in welchem Umfang ein Großabnehmer
zu beliefern ist oder an einer Ausschreibung teilgenommen wird.

Die Produktionsmenge ist die Menge der Kopierer, die unter Berücksichtigung
aller Absatzüberlegungen und eines möglicherweise noch bestehenden Lagerbestandes an Kopierern zur Bereitstellung der geplanten Absatzmenge hergestellt
werden soll.

Die Bestellmenge ist das Ergebnis der Beschaffungsplanung. Im Rahmen dieser Planungen wird unter Berücksichtigung der geplanten Produktionsmenge, eines möglicherweise noch existierenden Lagerbestandes an Einsatzstoffen und einer seitens der Lieferanten angebotenen Mengenrabatt-Staffelung die Menge der
zu beschaffenden Einsatzstoffe ermittelt.

Zu b)

Die Ursachen für einen Lagerbestand an Einsatzstoffen ergeben sich grundsätzlich daraus, daß mehr beschafft als im Rahmen der Produktion benötigt wurde. Fehlplanungen ausgeschlossen, liegt der Hauptgrund dafür in der Inanspruchnahme einer nächsten Mengenrabatt-Staffelung. Vorgehensweisen bei der Prüfung der wirtschaftlichen Vorteilhaftigkeit vgl. die Aufgaben zum Abschnitt 2.3 Beschaffungsentscheidungen.

Ursachen für einen Lagerbestand an Fertigprodukten resultieren aus der geplanten Absatzmenge und den Reaktionen der Kunden auf die im Marketing-Mix gesetzten Parameter. Verkürzt gesagt war die geplante Absatzmenge zu optimistisch eingeschätzt.

Zu c)

Die Entscheidungen zum Marketing-Mix führen zu einer weiteren Menge im Bereich des Absatzes. Je nach Setzung der Größen Preis des Kopierers, Technologie- und Ökologie-Index, das Werbe- und das Budget für Corporate Identity und die Anzahl der Vertriebsmitarbeiter ergibt sich die sogenannte potentielle Absatzmenge. Damit ist die Anzahl Kopierern gemeint, welche die Kunden kaufen wollten.

Demgegenüber steht die tatsächliche Absatzmenge. Je nachdem, wie viele Kopierer für den Absatz bereitstanden, resultiert daraus die Menge an Kopierern, die an die Kunden abgegeben werden konnten.

Zu d)

Ja, die tatsächliche Absatzmenge kann die potentielle Absatzmenge übersteigen. Dies trifft dann zu, wenn andere Unternehmen ihre Kunden nicht vollständig beliefern konnten, also lieferunfähig geworden sind. Im Planspiel werden in solchen Fällen 80 % der nicht bedienten Kunden/Nachfrage auf die noch lieferfähigen Unternehmen verteilt. Somit werden bei den lieferfähigen Unternehmen mehr Kopierer ausgeliefert, als die Kunden ursprünglich vom Unternehmen beziehen wollten. In der Folge kann es auch bei diesen Unternehmen zu einer Lieferunfähigkeit kommen.

Zu e)

Ja, es kann auch vorkommen, daß die potentielle Absatzmenge größer ist als die tatsächliche Absatzmenge. Zwei Planungsfehler sind dafür ursächlich: 1) Die Parameter-Setzung im Marketing-Mix haben mehr Kunden zum Kauf der Kopierer angeregt, als geplant. Die zweite Ursache liegt in einer fehlerhaften Abstimmung mit der Produktion: Es wurden seitens der Produktion und des Fertigteillagers weniger Kopierer für den Absatz bereitgestellt als dort für den Verkauf vorgesehen waren. Die Folge davon ist die eigene Lieferunfähigkeit.

Zu f)

Wenn die tatsächliche Nachfrage der potentiellen Nachfrage entspricht, dann herrscht bezogen auf den Markt ein Marktgleichgewicht oder eine Marktsättigung vor. Alle zum Kauf angeregten Kunden haben ihre Kopierer erhalten. Unternehmensintern kann eine solche Marktsituation, wenn die Höhe der geplanten Absatzmenge nicht genau getroffen wurde, mit Beständen von Kopierern im Fertigteillager verbunden sein.

3. Literaturempfehlung

TOPSIM (2019b): TOPSIM – General Management. Teilnehmerhandbuch Einführung. Version 15.3 Pro Szenario. Tübingen. Herunterladbar von: https://cloud.topsim.com/index.php?id=9#handbooks.

Wöhe, Günter; Ulrich Döring und Gerrit Brösel (2020): Einführung in die Allgemeine Betriebswirtschaftslehre, 27. Auflage. München, S. 70–87.

2.2 Absatz-Entscheidungen – Bestandteile des Marketing-Mixes

Aufgabe 1: Das Marktgeschehen im General Management

1. Aufgabenstellungen

Für die Realisierung der geplanten Absatzmengen an den Märkten benötigen Sie ein wirkungsvolles Marketing-Mix.

a) Erläutern Sie kurz die Maßnahmen/Entscheidungen im Marketing-Mix des Planspiels General Management. (5 Punkte)

b) Wie kann es dazu kommen, daß ein Unternehmen trotz sorgfältiger Planung des Marketing-Mixes nicht den geplanten Absatz erreicht. (5 Punkte)

c) Beschreiben Sie kurz die Marktverhältnisse, wenn bei allen Unternehmen die potentielle Absatzmenge mit der tatsächlichen Absatzmenge übereinstimmt. (3 Punkte)

2. Lösungen

Zu a)

Als Marketing-Mix werden Entscheidungen in den Bereichen Produkt-, Preis-, Kommunikations- und Distributionspolitik bezeichnet. Diese sogenannten „4 P" (englisch: Product – Price – Place – Promotion) sind zentrale Einflußfaktoren für die Bestimmung des potentiellen Absatzes. Die vier P sollten so aufeinander abstimmt sein, daß sie als ein Bündel von Maßnahmen (Marketing-Mix) die angestrebte Marktwirkung entfalten.

Bezogen auf das Planspiel General Management ergeben sich folgende Entscheidungen:

Product/Produktpolitik: Erhöhung des Technologiewertes der Kopierer durch Mitarbeiter in der Forschung und Entwicklung und Bereitstellung eines Beraterbudgets für die Verbesserung des Ökologiewertes des Produktes.

Price/Preispolitik: Festsetzung des Verkaufspreises auf den Märkten 1 und 2.

Promotion/Kommunikationspolitik: Festsetzung von Werbebudget und eines Budgets für Corporate-Identity-Maßnahmen zur Steigerung der Bekanntheit.

Place/Distributionspolitik: Anzahl der Vertriebsmitarbeiter auf den Märkten 1 und 2, Belieferung des Großabnehmers und Teilnahme an Ausschreibungen.

Zu b)

Durch die Wirkung der Marketing-Anstrengungen der Mitbewerber am Markt werden die gesamtwirtschaftlichen Rahmenbedingungen unmittelbar beeinflußt. Das heißt, die prognostizierte Entwicklung in den Wirtschaftsnachrichten kann sich durch das Verhalten der Marktteilnehmer abschwächen oder verstärken.

Zudem kann es durchaus vorkommen, daß ein Unternehmen in der Einschätzung der Entscheidungen der Konkurrenz falsch liegt. Wird beispielsweise der eigene Preis in Erwartung von Preissenkungen der Konkurrenz zu stark herabgesetzt, kann der potentielle Absatz den geplanten Absatz übertreffen. Diese Ungewißheiten machen aber auch gerade den Reiz des Planspiels aus.

Zu c)

Der Markt wurde in diesem Fall vollständig bedient. Kein Unternehmen wurde am Markt lieferunfähig.

3. Literaturempfehlung

TOPSIM (2019b): TOPSIM – General Management. Teilnehmerhandbuch Einführung. Version 15.3 Pro Szenario. Tübingen. Herunterladbar von: https://cloud.topsim.com/index.php?id=9#handbooks.

Wöhe, Günter; Ulrich Döring und Gerrit Brösel (2020): Einführung in die Allgemeine Betriebswirtschaftslehre, 27. Auflage. München, S. 383–460.

Aufgabe 2: Absatzmengen und Lieferfähigkeit

1. Bereitgestellte Daten und Berichte

Ihnen liegen die folgenden Daten zu den Marketing-Mix-Entscheidungen von vier
Unternehmen einer Periode vor. Alle Unternehmen haben in der Periode identi-
sche Lageranfangsbestände und Produktionsmengen.

Tab. 2.1: Marketing-Mix-Entscheidungen von vier Unternehmen

Parameter		U 1	U 2	U 3	U 4
Preis	€	2.850	3.050	3.100	3.250
Technologie	Index	136,3	131,2	133,1	128,7
Ökologie	Index	144,6	129,3	130,5	114,9
Werbung	Mio. €	10,0	9,0	8,5	8,0
Corporate Identity	Mio. €	1,0	1,5	4,0	2,0
Vertriebsmitarbeiter	Anzahl	160	140	140	135

2. Aufgabenstellungen

a) Im Rahmen der Marktanalysen in der Kopierbranche ist immer vom geplanten, potentiellen und tatsächlichen Absatz die Rede. Beschreiben Sie kurz diese Größen so, daß erkennbar wird, wodurch sie sich unterscheiden? (6 Punkte)

b) Welches Unternehmen könnte am ehesten von einer Lieferunfähigkeit betroffen sein? (4 Punkte)

c) Welches Unternehmen könnte am ehesten von einem hohen Lagerbestand betroffen sein? (4 Punkte)

3. Lösungen mit Erläuterungen

Zu a)

Unter einem geplanten Absatz wird die für den Absatz vorgesehene Menge ver-
standen. Im Planspiel fließen dabei die gegebenenfalls an den Großabnehmer
gegebene oder die im Rahmen einer gewonnenen Ausschreibung zu liefernden
Menge nicht mit in diese Größe ein. Betrachtet werden nur die für die jeweiligen
Märkte 1 und 2 gedachten Mengen.

Der potentielle Absatz resultiert aus den Entscheidungen des Marketing-Mixes. Damit wird die Menge an Kunden bezeichnet, die auf Grund der dortigen Parameter-Setzungen (Preis, Technologie, Ökologie, Werbung, Corporate Identity und Vertrieb) zum Kauf angeregt wurden.

Der tatsächliche Absatz ist die Anzahl an Kopiergeräten, welche unter Berücksichtigung der eigenen und fremden Lieferfähigkeit auf dem Markt abgesetzt werden konnte. Zu den Abweichungen zwischen diesen Absatzmengen vergleiche die Aufgabe 3 im Abschnitt 2.1.

Zu b)

Von Lieferunfähigkeiten sind Unternehmen betroffen, wenn die Parameter des Marketing-Mixes im Vergleich zu den anderen Anbietern am attraktivsten aufgestellt sind. Deutlich sticht hier das Unternehmen 1 heraus. Es hat den günstigsten Preis, die besten Indexwerte für Technologie und Ökologie, das höchste Werbebudget und die meisten Vertriebsmitarbeiter. Dies kann dazu führen, daß hier die meisten – und unter Umständen auch mehr als geplant – kaufen wollen. Letzteres würde also Lieferunfähigkeit bedeuten. Während es im Inlandsmarkt zumeist nur eine teilweise Lieferunfähigkeit zu beobachten gibt, kann es je nach Marktsituation im Inland im Ausland auch schon mal zur vollständigen Lieferunfähigkeit kommen.

Zu c)

Das Gegenteil von Lieferunfähigkeit wäre ein hoher Lagerbestand. Demgemäß sind die Unternehmen von einem hohen Lagerbestand an Kopierern am Ende einer Periode betroffen, welche die Parameter des Marketing-Mixes am unattraktivsten aufgestellt haben. Am Beispiel der vier Unternehmen ist das eindeutig das Unternehmen 4. Das Unternehmen hat den höchsten Preis, die schlechtesten Indexwerte für Technologie und Ökologie, das geringste Werbebudget und die wenigsten Vertriebsmitarbeiter.

4. Literaturempfehlung

TOPSIM (2019b): TOPSIM – General Management. Teilnehmerhandbuch Einführung. Version 15.3 Pro Szenario. Tübingen. Herunterladbar von: https://cloud.topsim.com/index.php?id=9#handbooks.

Wöhe, Günter; Ulrich Döring und Gerrit Brösel (2020): Einführung in die Allgemeine Betriebswirtschaftslehre, 27. Auflage. München, S. 441–453.

Aufgabe 3: Marktanalyse

1. Bereitgestellte Daten und Berichte

Ihnen liegen die folgenden Auszüge aus dem Marktforschungsbericht der Periode 1 vor.

MARKT 1: CLASSIC

	Preis	Abweichung Preis	Technologie	Werbung	Mitarbeiter Vertrieb	Zufrieden- heit Kunden	Bekanntheit
	EUR	%	Index	MEUR	Mitarbeiter	Index	Index
U1	3.150	0,96	103,67	7,10	115,00	67,02	49,49
U2	2.850	-8,65	100,00	7,00	125,00	73,99	49,42
U3	3.200	2,56	103,83	7,50	75,00	65,22	49,79
U4	3.200	2,56	103,50	7,00	100,00	65,62	49,42
U5	3.200	2,56	104,33	8,00	130,00	65,18	50,17
Ø / Summe	**3.120**		**103,07**	**7,32**	**109,00**	**67,41**	**49,66**

Abb. 2.7: Auszüge aus einem Marktforschungsbericht mit fünf Unternehmen

2. Aufgabenstellungen

a) Identifizieren das Unternehmen mit dem höchsten potentiellen Absatz. Begründen Sie Ihr Ergebnis stichpunktartig anhand der festgestellten Marketing-Mix-Parameter. (10 Punkte).

b) Für das in a) identifizierte Unternehmen stellte sich ein potentieller Absatz in Höhe von 62.019 Kopierern ein. Der Großabnehmer wurde nicht beliefert. Es ergab sich folgender Lagerbericht:

FERTIGPRODUKTE COPY CLASSIC

	Menge		Lagerwerte
	Stück	EUR/Stück	MEUR
Lageranfangsbestand	9.000	2.068,61	18,62
+ Zugang von Fertigung	42.000	2.129,77	89,45
- Abgang an Vertrieb	51.000	2.118,98	108,07
= Lagerendbestand	**0**	**2.118,98**	**0,00**

Abb. 2.8: Auszüge aus einem Lagerbericht

Treffen Sie eine Aussage zur Lieferfähigkeit des Unternehmens. (5 Punkte)

3. Lösungen mit Erläuterungen

Zu a)

Das Unternehmen 2 weist die höchste potentielle Absatzmenge auf. Hauptgrund dafür ist der im Vergleich zu den Konkurrenten niedrige Preis von 2.850 €. Die Preisabweichung des Unternehmen 2 beträgt damit – 8,65 % vom ungewichteten Durchschnittspreis in Höhe von 3.120 €.

Mit Bezug auf die im Teilnehmerhandbuch zum Planspiel General Management abgebildete Preis-Absatz-Funktion in der Ausgangsituation (Periode 0) wird deutlich, daß das Unternehmen 2 mit der Preisabweichung von – 8,65 % vom Durchschnittspreis bereits deutlich im mengenwirksamen elastischen Bereich liegt und damit erheblich mehr Nachfrage auf sich zieht. Das Handbuch gibt als Hinweis für das Erreichen der elastischen Bereiche eine Abweichung von ±5 % vom Durchschnittspreis an.

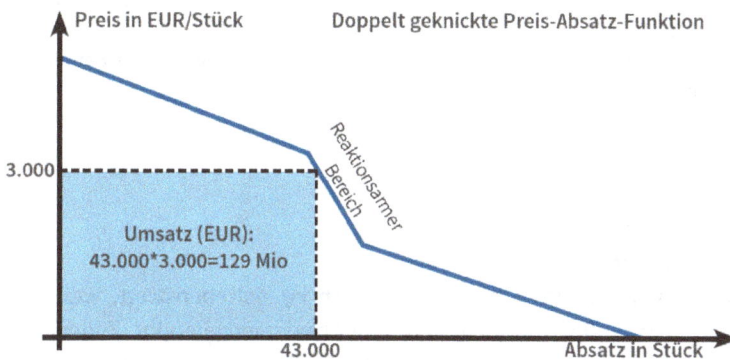

Abb. 2.9: Preis-Absatz-Funktion im General Management (Quelle: Vgl. TOPSIM (2019), S. 7.)

Die Marketing-Mix-Parameter Technologie (Produktpolitik) und Werbung (Kommunikationspolitik) sind beim Unternehmen 2 im Vergleich zur Konkurrenz unterdurchschnittlich ausgeprägt, während die Anzahl der Vertriebsmitarbeiter den zweithöchsten Wert aufweist.

Für die höchste potentielle Absatzmenge ist damit in erster Linie die aggressive Preispolitik von Unternehmen 2 ausschlaggebend. Ein weiteres Argument für die hohe potentielle Absatzmenge von Unternehmen 2 liefert die herausragende Kundenzufriedenheit, die besonders durch die starke Preissenkung des Unternehmens gegenüber dem Preis in der Vorperiode erzeugt wurde.

Zu b)

Das Unternehmen 2 wurde aufgrund der hohen Nachfrage (potentielle Absatzmenge) lieferunfähig, weil für 62.019 kaufwillige Kunden nur 51.000 Kopiergeräte
zur Verfügung standen. Die verfügbaren und damit verkauften Kopierer speisten
sich aus dem Lageranfangsbestand von 9.000 Geräten aus der Periode 0 und den
42.000 produzierten Kopierern in Periode 1.

Die nichtgelieferten Kopiergeräte von Unternehmen 2 gehen zu 80 % an die
lieferfähigen Konkurrenzunternehmen. Die Nichtbelieferung des Großabnehmers
erweist sich im nachhinein als gut, da die bevorzugte Belieferung des Großabnehmers die Lieferunfähigkeit des Unternehmens am Markt 1 sonst noch verschärft
hätte.

4. Literaturempfehlung

TOPSIM (2019b): TOPSIM – General Management. Teilnehmerhandbuch Einführung. Version
15.3 Pro Szenario. Tübingen. Herunterladbar von: https://cloud.topsim.com/index.php?
id=9#handbooks, S. 5–12.
Wöhe, Günter; Ulrich Döring und Gerrit Brösel (2020): Einführung in die Allgemeine Betriebswirtschaftslehre, 27. Auflage. München, S. 403–427.

Aufgabe 4: Kundenzufriedenheit

1. Bereitgestellte Daten und Berichte

Eine hohe Kundenzufriedenheit im Absatzbereich ist erstrebenswert, weil sich
daraus ein wichtiger Einfluß auf die potentielle Absatzmenge ergibt. Zudem bildet die Kundenzufriedenheit bei der Bewertung der Planspielleistung (siehe Kapitel 4.3) einen möglichen Meß-Parameter ab.

Nachfolgende Tabelle gibt Auskunft über die Einflußgrößen und deren Aus-
prägung auf die Kundenzufriedenheiten von fünf Unternehmen einer Spielperiode (vgl. auch Teilnehmerhandbuch S. 11 f.):

Tab. 2.2: Einflußgrößen auf die Kundenzufriedenheit

Unternehmen	Umweltindex Gesamt	Lieferfähigkeit der Vorperiode in % der Absatzmenge	Altbestand in % der Absatzmenge	Preisänderung gegenüber der Vorperiode
U 1	91,50	100,00	24,70	−5,71
U 2	98,25	92,51	0,00	10,00
U 3	98,25	93,78	0,00	3,33
U 4	98,60	93,31	0,00	2,01
U 5	100,75	100,00	0,00	6,70

2. Aufgabenstellungen

a) Welche Einflußfaktoren wirken sich negativ auf die Kundenzufriedenheiten der fünf Unternehmen aus? (5 Punkte)

b) Welche Einflußfaktoren wirken sich positiv auf die Kundenzufriedenheiten der fünf Unternehmen aus? (5 Punkte)

c) Nehmen Sie eine Einschätzung der Rangfolge der Kundenzufriedenheiten für die angegebenen fünf Unternehmen vor. (5 Punkte)

3. Lösungen

Zu a)

Unternehmen 1: Das Unternehmen 1 weist mit 91,50 einen niedrigen Umweltindex der Produktionsanlagen und mit 24,70 % einen hohen Anteil an Altgeräten aus der Vorperiode in der aktuellen Absatzmenge auf.

Unternehmen 2: Negativ fallen hier die geringe Lieferfähigkeit in der Vorperiode und die hohe Preiserhöhung in Höhe von 10 % im Vergleich zur Vorperiode auf.

Unternehmen 3: Die geringe Lieferfähigkeit in der Vorperiode und die leichte Preiserhöhung in Höhe von 3,33 % im Vergleich zur Vorperiode sind hier negativ anzumerken.

Unternehmen 4: Das Unternehmen 4 hat eine geringe Lieferfähigkeit in der Vorperiode und eine leichte Preiserhöhung in Höhe von 2,01 % im Vergleich zur Vorperiode.

Unternehmen 5: Bezogen auf alle vier Kriterien fällt nur die Preiserhöhung in Höhe von 6,70 % im Vergleich zur Vorperiode auf.

Zu b)

Unternehmen 1: Die vollständige Lieferfähigkeit in der Vorperiode und die Preissenkung in Höhe von 5,71 % im Vergleich zur Vorperiode sind positiv anzumerken.

Unternehmen 2, 3 und 4: Bei diesen drei Unternehmen fallen der leicht überdurchschnittliche Umweltindex und die Tatsache, daß kein Altbestand in der Absatzmenge der aktuellen Periode zu beobachten war, als positiv auf.

Unternehmen 5: Das Unternehmen verfügt über den höchsten Umweltindex, war vollständig lieferfähig in der Vorperiode und hatte in der aktuellen Periode ebenfalls keinen Altbestand in der Absatzmenge.

Zu c)

Die tatsächlich ermittelte Kundenzufriedenheit laut Spielleiterbericht sah wie folgt aus:

Tab. 2.3: Tatsächliche Kundenzufriedenheit gemäß Spielleiterbericht

Umweltindex Gesamt	Liefer-fähigkeit VP	Altbestand	Preisänd. ggü. VP	Zufrieden-heit Kunden
Index	% Absatz	% Absatz	% Vorp.	Index
91,50	100,00	24,70	-5,71	72,21
98,25	92,51	0,00	10,00	70,62
98,25	93,78	0,00	3,33	77,39
98,60	93,31	0,00	2,01	78,46
100,75	100,00	0,00	6,70	80,18
97,47				75,77

Daraus ergibt sich folgende Rangfolge in absteigender Reihenfolge:

Unternehmen 5,
Unternehmen 4,
Unternehmen 3,
Unternehmen 1 und
Unternehmen 2.

Da die Gewichtung der Einflußfaktoren nicht bekannt ist, fällt die genaue Festlegung der Reihenfolge nicht leicht. Jedoch lassen sich über eine Analyse der vier Einflußgrößen Gruppierungen von Unternehmen ausmachen.

Das Unternehmen 5 liegt in der Gunst der Kunden vorne, weil lediglich die mittelhohe Preiserhöhung zur Vorperiode die Kundenzufriedenheit negativ beeinflußt. Die Unternehmen 3 und 4 weisen gegenüber dem Unternehmen 5 bei zwei Einflußgrößen (Umweltindex und Lieferfähigkeit) schlechtere Werte auf. Bei der Höhe der Preisänderung im Vergleich zur Vorperiode sind beide Unternehmen besser als Unternehmen 5. Das Unternehmen 4 liegt bei den Einflußgrößen Umweltindex, Lieferfähigkeit Vorperiode und Preisänderung gegenüber Vorperiode geringfügig besser als das Unternehmen 3.

Im Vergleich der Unternehmen 1 und 2 fällt auf, daß das Unternehmen 2 beim Umweltindex und bei der Altbestandquote der verkauften Kopiergeräte besser abschneidet. Bei der Lieferfähigkeit und der Preisänderung liegt Unternehmen 1 jedoch vorne. Hier wirkt sich vor allem die Preiserhöhung in Höhe von 10 % zur Vorperiode gegenüber der 5,71 %igen Preissenkung beim Unternehmen 1 auf die

Kundenzufriedenheit aus. Insofern liegt Unternehmen 2 nachvollziehbarerweise in der Kundengunst an letzter Stelle.

4. Literaturempfehlung

TOPSIM (2019b): TOPSIM – General Management. Teilnehmerhandbuch Einführung. Version 15.3 Pro Szenario. Tübingen. Herunterladbar von: https://cloud.topsim.com/index.php?id=9#handbooks, S. 11–12.

2.3 Beschaffungs-Entscheidungen

Aufgabe 1: Beschaffung von Einsatzstoffen

1. Bereitgestellte Daten und Berichte

Ihnen liegt folgender Lagerbericht der Periode 2 vor:

EINSATZSTOFFE/TEILE COPY CLASSIC

	Menge		Lagerwerte
	Stück	EUR/Stück	MEUR
Lageranfangsbestand	0	600,00	0,00
+ Zugang von Lieferant	60.000	450,00	27,00
+ Nachlieferung	0	780,00	0,00
- Abgang an Fertigung	58.952	450,00	26,53
= **Lagerendbestand**	**1.048**	**450,00**	**0,47**

FERTIGPRODUKTE COPY CLASSIC

	Menge		Lagerwerte
	Stück	EUR/Stück	MEUR
Lageranfangsbestand	2.898	2.112,49	6,12
+ Zugang von Fertigung	58.952	1.999,83	117,89
- Abgang an Vertrieb	61.850	2.005,11	124,02
= **Lagerendbestand**	**0**	**2.005,11**	**0,00**

LAGERKOSTEN

	MEUR
Einsatzstoffe/Teile COPY Classic	0,05
Fertigerzeugnisse COPY Classic	0,00
Gesamt	**0,05**

Abb. 2.10: Auszüge aus dem Lagerbericht der Periode 2

Für die Periode 2 gilt die folgende Rabattstaffel für die zu beschaffenden Einsatzstoffe:

Tab. 2.4: Mengenrabatt-Staffelung gemäß Wirtschaftsnachrichten

Menge	EUR/Stück
0 bis 29.999 Stück	650
30.000 bis 49.999 Stück	550
50.000 bis 69.999 Stück	450
ab 70.000 Stück	400

2. Aufgabenstellungen

a) Wie viele Einsatzstoffe wurden beschafft? (3 Punkte)
b) Welche Höhe weisen die Lagerkosten pro Einsatzstoffeinheit auf? (5 Punkte)
c) Unterbreiten Sie einen Vorschlag zur Verbesserung des Einkaufs mit dem Ziel, das Betriebsergebnis maximal zu steigern. (15 Punkte)

3. Lösungen mit Erläuterungen

Zu a)

Die eingekaufte Menge an Einsatzstoffen läßt sich im Lagerbericht unter der Rubrik EINSATZSTOFFE/TEILE COPY CLASSIC ablesen. In der Lagerbestandstabelle gibt es dazu die Zeile „Zugang von Lieferant". Dort ist zu erkennen, daß 60.000 Mengeneinheiten (ME) von den Einsatzstoffen erworben wurden. Pro Stück wurden dafür 450 € bezahlt. In Summe wurde eine Zahlung in Höhe von 27 Mio. € fällig.

Zu b)

Einsatzstoffe, die am Periodenende nicht verbraucht wurden, verbleiben am Lager. Dafür fallen üblicherweise Lagerkosten an. Im Lagerbericht sind die Lagerkosten in Summe erkennbar. Sie belaufen sich auf 0,05 Mio. €. Um die Lagerkosten pro Einsatzstoffeinheit zu ermitteln, bedarf es der Anzahl der am Periodenende noch am Lager befindlichen Materialien. In der Lagerbestandstabelle für die EINSATZSTOFFE/TEILE COPY CLASSIC wird der Lagerendbestand mit 1.048 ME angegeben. Dividiert man nun die 50.000 € durch die 1.048 ME ergeben sich daraus Lagerkosten pro ME Einsatzstoffe in Höhe von 47,71 €.

Im Planspiel werden jedoch die Lagerkosten je ME Einsatzstoffe mit 50 € bemessen. Diesen Wert mit den 1.048 ME multipliziert, bedeuten Lagerkosten in Höhe von 52.400 €. Im Planspiel General Management wird wie an diversen anderen Stellen auch mit auf zwei Stellen nach dem Millionen-Komma gerundeten Werten gerechnet, also die Lagerkosten mit 50.000 € ausgewiesen. Daher empfiehlt es sich, die in den Unternehmensberichten angegebenen Werte genau nachzurechnen, um bspw. unliebsame Überraschungen zu vermeiden.[2]

Zu c)

Bezogen auf eine getroffene Beschaffungsentscheidung sind einerseits die Materialkosten und andererseits die Lagerkosten relevant. Die Materialkosten ergeben sich aus dem Einkaufwert pro ME der Einsatzstoffe multipliziert mit den tatsächlich verbrauchten ME. Die in diesem Beispiel beschafften 60.000 ME Einsatzstoffe verursachte folgende Kosten für das Betriebsergebnis:

Materialkosten: $58.952 \cdot 450$ €	26,53 Mio. €
+ Lagerkosten:	+ 0,05 Mio. €
= Gesamtwirkung auf Betriebsergebnis:	26,58 Mio. €

Vorschlag 1: Bedarfsorientierter Einkauf von 58.952 ME zu 450 €/ME
Beim bedarfsorientierten Einkauf wird nur die zu verbrauchende Menge an Einsatzstoffen eingekauft. Damit ist der Endbestand des Lagers bei Null, und es fallen keine Lagerkosten an.

Materialkosten: 58.952 ME $\cdot 450$ €/ME =	26,53 Mio. €
keine Lagerkosten	
= Gesamtwirkung auf das Betriebsergebnis:	26,53 Mio. €

Die Verbesserung des Betriebsergebnisses gegenüber der ursprünglichen Einkaufsentscheidung: 0,05 Mio. €.

Vorschlag 2: Nutzung der Rabattstaffel 70.000 ME mit 400 €/ME

Materialkosten: 58.952 ME $\cdot 400$ €/ME =	23,58 Mio. €
+ Lagerkosten: $(70.000$ ME $- 58.952$ ME$) \cdot 50$ €/ME =	0,55 Mio. €
= Gesamtwirkung auf das Betriebsergebnis:	24,13 Mio. €

Die Verbesserung des Betriebsergebnisses gegenüber der ursprünglichen Einkaufsentscheidung: 2,45 Mio. €.

---

2 Vgl. hierzu insbesondere die Aufgabe zur Personalauslastung in der Fertigung.

Der Vorschlag 2 verbessert das Betriebsergebnis um einen höheren Betrag als der Vorschlag 1 und ist daher zu empfehlen.

4. Literaturempfehlung

TOPSIM (2019b): TOPSIM – General Management. Teilnehmerhandbuch Einführung. Version 15.3 Pro Szenario. Tübingen. Herunterladbar von: https://cloud.topsim.com/index.php?id=9#handbooks, S. 13–14.
Wöhe, Günter; Ulrich Döring und Gerrit Brösel (2020): Einführung in die Allgemeine Betriebswirtschaftslehre, 27. Auflage. München, S. 311–322.

Aufgabe 2: Beschaffung einer Maschine

1. Bereitgestellte Daten und Berichte

Als Unternehmensleitung stehen Sie vor der Entscheidung, eine neue Fertigungsmaschine zu kaufen. Nach den aktuellen Wirtschaftsnachrichten stehen in dieser Periode folgende Anlagen alternativ zur Auswahl:

FERTIGUNG

Typ der Produktionsanlage	Kaufpreis (MEUR)	Abschreibungsdauer (Perioden)	Normale Kapazität (Einheiten/ Periode)	Sonstige Fixkosten (MEUR/ Periode)	Umweltindex	Resterlös (% vom Restbuchwert)
A	21	10	15.000	0,3	105,0	20,0
B	32	15	25.000	1,0	115,0	30,0

Abb. 2.11: Übersicht über die verfügbaren Fertigungsanlagen

Die Instandhaltung zur Bereitstellung der Normalkapazität beträgt bei beiden Maschinen jeweils 1 Mio. € je Periode. Sie kann in dieser Periode auch nicht variiert werden. Dieser Betrag ist in den sonstigen Fixkosten nicht enthalten.

Es ist mit einem Kapitalkostensatz in Höhe von 10 % p. a. zu kalkulieren. Man geht weiterhin davon aus, daß die Anlagen vollständig ausgelastet werden. Der Umweltbelastungs-Indikator liegt mit den bislang eingesetzten Maschinen bereits bei einem Index von 103.

2. Aufgabenstellungen

a) Bestimmen Sie mit Hilfe eines geeigneten Verfahrens der Investitionsrechnung, welche der beiden Maschinen vorteilhaft ist. (15 Punkte)

b) Welche Bedeutung hat der Umweltindex bei der Auswahl der Maschinen? (5 Punkte)

c) Welche Bedeutung hat die Angabe zum Resterlös? (5 Punkte)

3. Lösungen mit Erläuterungen

Zu a)

Die Entscheidung über das zu nutzende Investitionsrechenverfahren ergibt sich aus den über das Investitionsobjekt verfügbaren Daten. In diesem Falle kommt einzig eine statische Kostenvergleichsrechnung zur Anwendung, weil andere statische und dynamische Investitionsrechnungsverfahren als Inputgröße zurechenbare Einzahlungen benötigen. Eine Zurechnung von Einzahlungen (in diesem Fall Umsatzerlöse) auf bestimmte Maschinen ist hier jedoch nicht willkürfrei möglich.

Da die beiden zur Auswahl stehenden Maschinen ungleiche Ausbringungsmengen aufweisen, kann eine Entscheidung nur auf Basis von Stückkosten (k) getroffen werden.

$$k = \text{(Abschreibung + kalkulatorische Zinsen + sonstige Fixkosten}$$
$$+ \text{Instandhaltungskosten)} : \text{Kapazitätseinheiten}$$
$$k_A = ((21.000.000 : 10) + (21.000.000 : 2 \cdot 0,1) + 300.000 + 1.000.000)$$
$$: 15.000 = 296,67 \,€$$
$$k_B = ((32.000.000 : 15) + (32.000.000 : 2 \cdot 0,1) + 1.000.000 + 1.000.000)$$
$$: 25.000 = 229,33 \,€$$

Die Maschine B weist unter den gegebenen Voraussetzungen mit 229,33 € die geringeren Stückkosten auf und ist daher die vorteilhaftere Investitionsalternative.

Zu b)

Die Maschine B ist gegenüber der A mit einem Umweltindex von 115 besser. Da der Umweltbelastungs-Indikator aber bereits über 100 Indexpunkte liegt, fallen ohnehin keine Strafzahlungen mehr an. Insofern liegt hier dann kein monetärer Vorteil.

Da sich aber ein guter Umweltbelastungs-Indikator positiv auf die Kundenzufriedenheit und die Motivation der Mitarbeiter auswirkt, weist die Maschine B einen weiteren positiven Nebeneffekt gegenüber der Maschine A auf.

Zu c)

Der Restwertlöse in Prozent gibt an, in welcher Höhe vom Buchwert zum Verkaufszeitpunkt sich Veräußerungserlöse aus der Desinvestition einer Maschine realisieren lassen. Die Maschine B liegt hier auch im Vorteil, weil die Quote in Höhe von 30 % auf den Restbuchwert höher ist als bei der Maschine A.

Es ist jedoch anzumerken, daß Desinvestitionen von Anlagen mit hohen Rest-buchwerten das Ergebnis sehr stark belasten. Von daher sind Investitionen mit Blick auf die Zukunft sorgsam zu planen.

4. Literaturempfehlung

Burchert, Heiko; Jürgen Schneider und Michael Vorfeld (2017): Investition und Finanzierung. Klausuren, Aufgaben und Lösungen, 3. Auflage. Berlin/Boston, S. 83–165.

TOPSIM (2019b): TOPSIM – General Management. Teilnehmerhandbuch Einführung. Version 15.3 Pro Szenario. Tübingen. Herunterladbar von: https://cloud.topsim.com/index.php?id=9#handbooks, S. 14–17.

Wöhe, Günter; Ulrich Döring und Gerrit Brösel (2020): Einführung in die Allgemeine Betriebs-wirtschaftslehre, 27. Auflage. München, S. 468–508.

Aufgabe 3: Kaufen versus Leasen von Maschinen

1. Bereitgestellte Daten und Berichte

Ihnen liegen auszugsweise die Fertigungsberichte der Perioden 3 und 4 eines Un-ternehmens vor:

Periode 3

1. FERTIGUNGSANLAGEN

	Beschaff.-Periode	Beschaffungswert	Restlaufzeit	Abschreibung	Restbuchwert	Sonstige fixe Kosten	Resterlös
		MEUR	Perioden	MEUR / Periode	MEUR	MEUR	% vom Buchwert
Typ A Anlage Nr 4	-4	20,00	2	2,00	4,00	0,25	20,0
Typ B Anlage Nr 5	2	30,00	13	2,00	26,00	2,50	30,0
Typ B Anlage Nr 6	3	32,00	14	2,13	29,87	1,00	30,0
Summe		82,00		6,13	59,87	3,75	

	Norrmale Kapazität	Instandhaltung	Umweltindex
	Einheit	MEUR	Index
Typ A Anlage Nr 4	13.500	1,00	98,0
Typ B Anlage Nr 5	25.000	1,00	110,0
Typ B Anlage Nr 6	25.000	1,00	115,0
Summe / Durchschnitt	63.500	3,00	107,7

Abb. 2.12: Auszüge aus einem Fertigungsbericht der Periode 3

Periode 4

1. FERTIGUNGSANLAGEN

	Beschaff.-Periode	Beschaffungswert	Restlaufzeit	Abschreibung	Restbuchwert	Sonstige fixe Kosten	Resterlös
		MEUR	Perioden	MEUR / Periode	MEUR	MEUR	% vom Buchwert
Typ C Anlage Nr 7	4	0,00	15	0,00	0,00	6,00	0,0
Typ C Anlage Nr 8	4	0,00	15	0,00	0,00	6,00	0,0
Summe		0,00		0,00	0,00	12,00	

	Normale Kapazität	Instandhaltung	Umweltindex
	Einheit	MEUR	Index
Typ C Anlage Nr 7	25.000	1,00	115,0
Typ C Anlage Nr 8	25.000	1,00	115,0
Summe / Durchschnitt	50.000	2,00	115,0

	Maschinentyp	Index
Rationalisierungsindex	Typ A	1,00
Rationalisierungsindex	Typ B	1,00
Rationalisierungsindex	Typ C	1,00

Abb. 2.13: Auszüge aus einem Fertigungsbericht der Periode 4

2. Aufgabenstellungen

a) Beschreiben Sie kurz die Änderungen in der Beschaffungsstrategie der Anlagen von Periode 3 zu Periode 4. (5 Punkte)

b) Beurteilen Sie den Strategiewechsel. Hinweis: Für etwaig einzubeziehende Kapitalkosten sind 8 % Zinsen p. a. zu berücksichtigen. (15 Punkte)

3. Lösungen mit Erläuterungen

Zu a)

Der Anlagenbestand wurde von Periode 3 zu Periode 4 vollständig von gekauften auf geleaste Maschinen umgestellt. Dabei wurden die Anlagen A4, B5 und B6 erheblich unter Buchwert verkauft. Zur Übersicht erhalten Sie einen Einblick in das Entscheidungsprotokoll der Periode 4 (siehe Abb. 2.14).

Im Bestand sind nur noch zwei Fertigungsanlagen von Typ C. Die Desinvestitionen der Fertigungsanlagen A4, B5 und B6 vollenden das bereits in der Periode 2 begonnene Vorhaben des Ersatzes gekaufter Fertigungsanlagen durch geleaste.

		P 0	P 1	P 2	P 3	P 4
Investition (Anz. neue Anlagen)	Typ A	0	0	0	0	0
Investition (Anz. neue Anlagen)	Typ B	0	0	1	1	0
Investition (Anz. neue Anlagen)	Typ C	0	0	0	0	2
Desinvestitionen	Anlage Nr.			1	2	4
					3	5
						6

Abb. 2.14: Auszüge aus dem Entscheidungsprotokoll der Periode 4

Zu b)

Zwei durchaus **positive Aspekte** sind festzuhalten:

1) Der Verkauf der Fertigungsanlagen führt zu einem Geldmittel-Zufluß aus den realisierten Restwerterlösen. Die Anlage A4 erzeugt einen Geldmittel-Zufluß in Höhe von 0,8 Mio. € (4 Mio. € · 20 %), während die beiden B-Anlagen 16,76 Mio. € ((26 Mio. € + 29,87 Mio. €) · 30 %) einbringen. Insgesamt fließen dem Unternehmen so 17,56 Mio. € an liquiden Mitteln zu. Der Geldeingang aus dem Verkauf der Maschinen ist auch im Liquiditätsbericht im Posten Desinvestitionen in Periode 4 zu erkennen:

	MEUR
KASSENANFANGSBESTAND	0,10

Einzahlungen

	MEUR
Einzahlungen aus Umsatz lfd. Periode	145,79
Einzahlungen aus Umsatz Vorperiode	32,73
Verkauf von Wertpapieren	0,00
Zinserträge	0,55
Sonstige Erträge / Kapitalerhöhung	0,00
Desinvestitionen	17,56
Aufnahme kurz- und langfr. Kredite	20,00
Erlös Sondermarkt	0,00
Überziehungskredit	64,44
Summe Einzahlungen	281,07

Abb. 2.15: Auszüge aus der Liquiditätsrechnung

2) Der Umwelt-Index ist von bisher 107,5 auf 115 gestiegen. Dieser verbesserte Umwelt-Index bewirkt eine höhere Kundenzufriedenheit, die wiederum eine positive Wirkung auf die potentielle Nachfrage ausübt.

Dem stehen jedoch die folgenden **negativen Aspekte** gegenüber:

1) Durch diese Maßnahmen sank die Produktionskapazität von 63.500 Einheiten in der Periode 3 auf 50.000 Einheiten in der Periode 4.

2) Veränderung der maschinenabhängigen Kosten:

Tab. 2.5: Veränderung der maschinenabhängigen Kosten

	Periode 3	Periode 4
Abschreibungen	6,13 Mio. €	
Sonstige Fixkosten	3,75 Mio. €	12,00 Mio. €
Instandhaltung	3,00 Mio. €	2,00 Mio. €
Herstellkosten	12,88 Mio. €	14,00 Mio. €
Zinsen	4,80 Mio. €	
Gesamt-Herstellkosten	17,68 Mio. €	14,00 Mio. €
Stückkosten	278,43 €	280,00 €

Die Herstellkosten sind beim Leasing um 1,12 Mio. € höher. Allerdings liegt die Kapazität bei den gekauften Maschinen in Periode 3 bei 63.500 Einheiten, so daß jede produzierte Einheit bei vollständiger Auslastung auf maschinenabhängige Herstellkosten von 202,83 € (12,88 Mio. € : 63.500) pro Einheit kommt. Beim Leasing liegen die maschinenabhängigen Stückkosten aufgrund der höheren Gesamt-Herstellkosten und der geringeren Kapazität bei 280 Euro (14 Mio. € : 50.000).

Allerdings gleichen sich die Kosten unter Einbezug der Kapitalkosten wieder an, weil beim Leasing kein Kapital gebunden wird. Beim Kauf wurden Zinsen im Umfang von 4,8 Mio. € berücksichtigt, weil ein gebundenes Kapital in Höhe der Restbuchwerte von 59,87 Mio. € mit Kapitalkosten von 8 % eben diesen Wert generiert. Insofern liegen die gesamten maschinenabhängigen Kosten durch den Einbezug der Kapitalkosten jetzt beim Kauf höher als beim Leasing. Auf eine Kapazitätseinheit bezogen ist jedoch der Kauf wieder besser, weil die um 13.500 Einheiten höheren Produktionseinheiten auf die Stückkosten wirken.

Zwischenfazit: Bezogen auf die maschinenabhängigen Herstellkosten liegt der Kauf klar vorne. Bei den Stückkosten liegen Kauf und Leasing fast gleichauf.

3) Verluste aus dem Abgang des Anlagevermögens:
Da die Anlagen beim Verkauf nur 20 % bzw. 30 % des Restbuchwertes einbringen, entsteht eine große Verlustwirkung mit Blick auf das Betriebsergebnis:

Anlage A4:	80 % vom Restbuchwert in Höhe von 4 Mio. € =	3,2 Mio. €
+ Anlage B5:	70 % vom Restbuchwert in Höhe von 26 Mio. € =	18,2 Mio. €
+ Anlage B6:	70 % vom Restbuchwert in Höhe von 29,87 Mio. € =	20,91 Mio. €
= Summe der Verluste aus dem Anlagenverkauf		42,31 Mio. €

In der Kostenarten-Rechnung der Periode 4 weist der Bericht dementsprechend hohe Abschreibungen auf:

ABSCHREIBUNGEN

Gebäude	1,00
Fertigungsanlagen	42,31
Umwelttechnik	0,00
Fertigerzeugnisse	0,00

Abb. 2.16: Auszüge aus der Kostenarten-Rechnung der Periode 4

Die Gewinn- und Verlustrechnung weist diesen Verlust im externen Rechnungs-wesen hingegen in den sonstigen betrieblichen Aufwendungen aus. Neben an-deren Faktoten sorgte insbesondere die Desinvestition der Maschinen für einen Anstieg dieser GuV-Position von 37,23 Mio. € in Periode 3 auf 89,6 Mio. € in Peri-ode 4.

Zusammengefaßt kann festgehalten werden, daß das Unternehmen mit Blick auf das Betriebsergebnis die in den Periode 2 und 3 angeschafften Maschinen nicht desinvestieren dürfte. In Summe überwiegen die negativen Aspekte und hier insbesondere die hohe Verlustwirkung (42,31 Mio. €) im Vergleich zu den gerin-geren Erlösen aus den Restbuchwerten (17,56 Mio. €) der Anlagen.

4. Literaturempfehlung
Burchert, Heiko; Jürgen Schneider und Michael Vorfeld (2017): Investition und Finanzierung.
     Klausuren, Aufgaben und Lösungen, 3. Auflage. Berlin/Boston, S. 90–91.

2.4 Entscheidungen zur Forschung und Entwicklung

Aufgabe 1: Weiterentwicklung des COPY CLASSIC

1. Bereitgestellte Daten und Berichte
Ihnen liegen die Wirtschaftsnachrichten der Periode 2 zur Entwicklung des Pro-dukts Copy Classic Generation 2 vor:

◆ Weiterentwicklung COPY Classic

Neben der bereits beschriebenen kontinuierlichen Verbesserung der aktuellen COPY Classic-Baureihe hat sich ein interdisziplinäres Team in Ihrem Unternehmen erste Gedanken über eine mögliche Nachfolgegeneration gemacht. Diese wird im Unternehmen mit COPY Classic Generation 2 (Gen. 2) bezeichnet. Im Lastenheft ist ein vollständig digitales Gerät beschrieben. Die Möglichkeit, Farbkopien anfertigen zu können, soll ebenso wie die reduzierten Betriebskosten bei Schwarz-Weiß-Kopien die Kundschaft überzeugen. Ihre Marketingexperten glauben, dass sich so der bisherige Preisverfall stoppen ließe und rechnen damit, dass Kunden je nach erreichtem Technologie-Index eine deutliche Preiserhöhung akzeptieren. Ihre Entwicklungsabteilung hat einen ersten Prototyp aufgebaut, der folgende Benchmarkergebnisse erzielt:

- Technologieindex: etwa 80

- Ökologieindex: etwa 80

Sie können nun entscheiden, ob Sie diese Neuentwicklung weiterverfolgen möchten. Um den technologischen Stand von COPY Classic Gen. 2 zu verbessern, müssten Sie der Baureihe Entwicklungspersonal zuweisen. Der Ökologieindex könnte durch ein Budget für externe Berater erhöht werden. Die neue Generation können Sie dann frühestens in Periode 4 auf den Markt bringen. Daher sollten Sie die Weiterentwicklung von COPY Classic Gen. 1 nicht vernachlässigen. Die Einführung am Markt sollten Sie ohnehin erst dann durchführen, wenn die Produktindizes über den Werten des Vorgängers liegen. Ansonsten können massive Umsatzeinbrüche die Folge sein. Marketingexperten gehen davon aus, dass es in der Periode der Neueinführung aufgrund des Neueinführungseffekts zudem zu einem deutlich erhöhten Absatz kommt. Je früher die Einführung stattfindet, desto stärker wird dieser Effekt ausfallen. Bei verzögerten Einführungen in Periode 5 oder 6 wird eine weniger starke Reaktion auf die Neueinführung erwartet. Um einen Technologie-Index von 100,0 Punkten (Marktreife) zu erreichen, müssen schätzungsweise 170-200 Mannjahre über die Entwicklungszeit von bis zu 3 Jahren investiert werden.

In der Periode der Einführung des neuen Produktes (COPY Classic Gen. 2) wird das alte Produkt (COPY Classic Gen. 1) vom Markt genommen. Auch gewonnene Ausschreibungen aus der Vorperiode sind dann mit dem neuen Produkt zu beliefern. Der Lagerbestand des Fertigproduktes COPY Classic Gen. 1 wird verschrottet. Sein Wert wird vollständig abgeschrieben. In der Regel lassen sich die Restposten zu einem günstigen Preis an ausländische Großkunden verkaufen. Rechnen Sie hierdurch mit Erlösen, die ca. 80% der Herstellkosten Ihres Lagerbestandes an Altprodukten entsprechen. Die Abschreibung und die Erlöse werden in der Kostenartenrechnung sowie in der Gewinn- und Verlustrechnung unter einer Position zusammengefasst (Abschreibungen Fertigerzeugnisse bzw. sonstiger Aufwand). Vorhandene Bestände an Einsatzstoffen/Teilen für COPY Classic Gen. 1 werden auch für die Fertigung von COPY Classic Gen. 2 verwendet. Ihre Verschrottung ist daher nicht notwendig.

Abb. 2.17: Auszüge aus den Wirtschaftsnachrichten der Periode 2

2. Aufgabenstellung

Als Geschäftsleitung streben Sie das Ziel an, den neuen Kopierer COPY Classic Generation 2 in der Periode 4 auf den Markt zu bringen.

Bemessen Sie die Anzahl der Forschungs- und Entwicklungsmitarbeiter zur Technologieentwicklung des alten und neuen Produkts für die Perioden 2, 3 und 4. Ihr Produkt Copy Classic (Generation 1) weist nach Periode 1 einen Technologie-Index in Höhe von 103,0 Punkten auf. Dieses Produkt soll technologisch in den Perioden 2 und 3 keine weitere Verbesserung erhalten. Begründen Sie Ihren Vorschlag kurz. (10 Punkte)

3. Lösung mit Erläuterungen

Bemessung der Anzahl an F&E-Mitarbeitern in den nächsten drei Perioden:

Tab. 2.6: Anzahl der F&E-Mitarbeiter

Gerät	Periode 2	Periode 3	Periode 4
Copy Classic Gen. 1	0	0	0
Copy Classic Gen. 2	60–70	60–70	60–70

Erläuterungen:

In den Wirtschaftsnachrichten ist der Hinweis gegeben, daß die Technologieentwicklung der Generation 2 mit 170 bis 200 Mannjahren zu veranschlagen ist, wenn ein Technologie-Index von 100 Indexpunkten erreicht werden soll. Das neue Produkt kann demnach in den Perioden 2, 3 und 4 entwickelt werden. Die vierte Periode steht auch noch zur Verfügung, weil im Planspiel die entscheidungsrelevanten Parameter immer zu Beginn der Periode verfügbar sind, so auch die entwickelte Technologie.

Das neue Produkt läßt sich gut vermarkten, wenn der Technologie-Index des alten Produkts erreicht oder übertroffen wird. Somit ist eine periodenbezogene Anzahl von jeweils 70 F&E-Mitarbeitern zu rechtfertigen. Damit kommt man dann in Summe auf 210 Mannjahre in der Forschungs- und Entwicklungsarbeiten.

Eine gleichmäßige Bemessung in Höhe von 70 Mitarbeitern pro Periode verspricht eine stetige und kostengünstige Entwicklung, weil das Gesetz des abnehmenden Grenznutzens bei einer hohen Anzahl an Mitarbeitern in einer Periode im Planspiel wirkt.

Ein einmal erreichter Entwicklungsstand bleibt bei zukünftig unterlassenen F&E-Arbeiten erhalten. Daher bietet sich an die Anzahl der F&E-Mitarbeiter für den Copy Classic Generation 1 auf Null zu setzen. Dann wird die erste Generation des Kopierers über die Perioden 2, 3 und 4 einen Technologieindex-Wert in Höhe von 103 aufweisen.

4. Literaturempfehlung

TOPSIM (2019b): TOPSIM – General Management. Teilnehmerhandbuch Einführung. Version 15.3 Pro Szenario. Tübingen. Herunterladbar von: https://cloud.topsim.com/index.php?id=9#handbooks, S. 13.

TOPSIM (2019c): TOPSIM – General Management. Unterlagen für den Seminarverlauf. Wirtschaftsprognose 8 Perioden. Version 15.3 Pro Szenario. Tübingen. Herunterladbar von: https://cloud.topsim.com/index.php?id=9#handbooks.

Aufgabe 2: F&E-Aktivitäten im Vergleich

1. Bereitgestellte Daten und Berichte

In einem Seminarleiterbericht ist die Forschungs- und Entwicklungsarbeit von vier Unternehmen nach Abschluß der Periode 3 dokumentiert.

Tab. 2.7: Auszüge aus einem Seminarleiterbericht zur F&E

CLASSIC GEN. 1

	Technologieindex	Ökologieindex	Wertanalyseindex
U1	105,67	103,41	1,00
U2	106,65	105,89	1,00
U3	108,87	106,76	1,00
U4	108,40	104,66	1,00
U5	-	-	-

CLASSIC GEN. 2

	Technologieindex	Ökologieindex	Wertanalyseindex
U1	101,00	95,84	1,01
U2	96,00	97,77	0,97
U3	104,00	98,34	1,01
U4	86,00	83,71	0,93
U5	-	-	-

2. Aufgabenstellung

Kommentieren Sie die F&E-Bemühungen der Unternehmen 1 bis 4. (20 Punkte)

3. Lösung

Unternehmen 1

Technologie: Mit 101 Indexpunkten ist die Technologie in der Periode 3 bei der Generation 2 sehr weit vorangeschritten. Für eine erfolgreiche Markteinführung in der Periode 4 sind nur noch 4,67 Indexpunkte zu entwickeln.

Der Copy Classic Generation 1 weist die geringste Technologieentwicklung am Markt auf. Diese Entscheidung läßt sich gut rechtfertigen, weil es sich um ein auslaufendes Produkt handelt, bei dem dann hohe Technologieentwicklungen verlorengehen würden.

Ökologie: Mit 95,84 Indexpunkten ist das neue Produkt zwar hinter dem Technologiewert, aber im Rahmen einer gleichmäßigen Entwicklung über drei Perioden gut im Plan. Die noch benötigten Indexpunkte bis zur Marktreife in der Periode 4 lassen sich noch gut in der vierten Periode erreichen.

Auch bei der Ökologie weist der Copy Classic Generation 1 den geringsten Ökologieindex der Branche auf. Mit Blick auf die Ablösung des Produktes in der nächsten Periode handelt es sich um eine gut vertretbare Entscheidung.

Wertanalyse: Bei beiden Produkten liegt die Wertanalyse bei einem Indexwert in der Nähe von 1. Für die Generation 1 sind die nicht vorgenommenen Wertanalyse-Ausgaben vertretbar, da dieses Produkt in Periode 3 letztmalig gefertigt wurde und sich somit die Wertanalyse-Ausgaben über das eingesparte Material nicht amortisieren.

Bei der Generation 2 wurden bereits Wertanalyse-Ausgaben getätigt, obwohl das Produkt noch nicht gefertigt wird und somit keine Materialeinsparung erfolgen kann. Insofern liegt eine Investition für die Zukunft vor. Weitere Investitionen in die Wertanalyse sind allerdings nur zu rechtfertigen, wenn diese sich durch das zukünftig eingesparte Material amortisieren.

Auf die bei der Einführung notwendige Marktreife hat der Wertanalyse-Index keine Auswirkungen, weil damit kein Einfluß auf die Produktqualität verbunden ist.

Unternehmen 2

Technologie: Mit einem Technologie-Index von 96 beim Copy Classic Generation 2 liegt man nach zwei Perioden leicht hinter einer gleichmäßigen Entwicklung, weil bis zum Wert des alten Produktes noch 10,65 Punkte fehlen. Dennoch dürfte die Marktreife in Periode 4 mit leicht ansteigenden Entwicklungsbemühungen erreichbar sein.

Die Generation 1 weist mit 106,65 Punkten eine hohe, aber immer noch vertretbare Technologie auf.

Ökologie: Die Ökologieentwicklung beim Gerät der Generation 2 ist geringfügig stärker ausgeprägt als die der Technologie. Insofern sind hier in der Periode 4 auch noch Anstrengungen zu unternehmen, ein Erreichen der Marktreife stellt aber kein Problem dar.

Die Generation 1 weist ebenso wie bei der Technologie einen hohen, aber dennoch vertretbaren Ökologie-Index auf.

Wertanalyse: Ebenso wie Unternehmen 1 finden sich auch hier Wertanalyse-Ausgaben, wenn auch im geringeren Umfang. Die Aussagen, die beim Unternehmen 2 getroffen wurden, sind auch hier anwendbar.

Unternehmen 3

Technologie: Ähnlich wie bei Unternehmen 1 wurden hier in den beiden vergangenen Perioden noch größere Anstrengungen in die Technologie unternommen. Mit einem Wert von 104 ist man fast am Ziel. In der Periode 4 sind lediglich noch 4,87 Punkte auf das alte Produkt aufzuholen.

Das alte Produkt weist mit 108,87 Technologiepunkten den höchsten Wert in der Branche auf. Hier stellt sich die Frage, ob die Produktpolitik für ein absehbar auslaufendes Produkt hinsichtlich der Aufwendungen und der dadurch erzielbaren Erträge sinnvoll war.

Ökologie: Die bei der Technologie herausgearbeiteten Aspekte treffen hier auch zu, wenngleich die Entwicklung der Ökologie leicht hinter der eigenen Technologie liegt.

Wertanalyse: Die Wertanalyse-Entwicklung ist identisch mit dem von Unternehmen 1. Daher treffen die dort gemachten Aussagen auch hier zu.

Unternehmen 4

Technologie: Die Technologieentwicklung wurde in den Perioden 2 und 3 zu wenig vorangetrieben. Der Gesamtzuwachs liegt bei 6 Indexpunkten. Bis zur Marktreife in der Periode 4 sind noch 22,4 Indexpunkte aufzuholen. Ein derartiger Entwicklungsrückstand ist aufgrund des abnehmenden Grenznutzens der F&E-Mitarbeiter nur mit sehr hohen Kosten verbunden bzw. in einer Periode nicht mehr realisierbar.

Die Generation 1 wurde zudem mit 108,4 Technologiepunkten überaus stark entwickelt. Hier stellt sich ebenso wie bei Unternehmen 3 die Frage nach der Notwendigkeit.

Ökologie: Die Ökologieentwicklung wurde noch mehr vernachlässigt als die Technologie. Insofern gelten die hinsichtlich der Technologieentwicklung gemachten Aussagen auch hier. Es ist davon auszugehen, daß das Unternehmen 4 in der nächsten Periode aufgrund der Rückstände in der Produktentwicklung weiterhin noch den Copy Classic Generation 1 anbieten wird.

Wertanalyse: Hier wurden branchenweit die geringsten Anstrengungen unternommen. Diese Entscheidung ist jedoch hinnehmbar, weil davon auszugehen ist, daß der Copy Classic Generation 2 vorerst gar nicht produziert wird.

4. Literaturempfehlung

TOPSIM (2019b): TOPSIM – General Management. Teilnehmerhandbuch Einführung. Version 15.3 Pro Szenario. Tübingen. Herunterladbar von: https://cloud.topsim.com/index.php?id=9#handbooks, S. 13.

Aufgabe 3: Umstellung auf Copy Classic Generation 2[3]

1. Bereitgestellte Daten und Berichte

Das vorliegende Unternehmen startete in der Periode 4 mit der Produktion und dem Verkauf des neuentwickelten Kopierers Copy Classic Generation 2. Dazu liegen Ihnen die folgenden Berichte vor:

Tab. 2.8: Die KPI's der Periode 4 eines Unternehmens

	Planning Figures	Previous Period
Net Income/ Net Loss	-70.19 mEUR	-5.99 mEUR
Sales COPY Classic Market 1	34,250 Units	44,246 Units
Sales COPY Classic Market 2	0 Units	5,429 Units
Cost of Goods Manufactured COPY Classic	3,251.19 EUR/Units	1,992.93 EUR/Units
Cost of Goods Sold COPY Classic	4,530.85 EUR/Units	3,101.27 EUR/Units
Utilization Production Staff	33.6 %	101.2 %
Utilization of Production Lines	110.0 %	89.1 %
Final Cash Balance	0.10 mEUR	0.10 mEUR
Overdraft Loans	84.87 mEUR	68.09 mEUR
Return on Equity	-194.90 %	-14.26 %

---

3 An dieser Stelle auch mal eine Aufgabe, die aus der englischsprachigen Version des Planspiels stammt. Wie an den bereitgestellten Daten und Berichten zu erkennen, ist die englischsprachige Version von der Struktur her vollständig zur deutschen Version identisch. Somit kann dieses Buch bei englischsprachigen Lehrveranstaltungen für deutschsprachige Studierende zu diesem Planspiel zum Einsatz gebracht werden.

Tab. 2.9: Auszüge aus dem Fertigungsbericht eines Unternehmens (I)

1. PRODUCTION LINES

	Aquisition Period	Aquisition Value	Remaining Running Time	Depreciation	Net Book Value	Other Fixed Costs	Residual Earnings
		mEUR	Periods	mEUR / Period	mEUR	mEUR	% from Book Value
Type B Line Nr. 6	2	30.00	12	2.00	24.00	2.50	30.0
Type C Line Nr. 7	4	0.00	15	0.00	0.00	6.00	0.0
Type C Line Nr. 8	4	0.00	15	0.00	0.00	6.00	0.0
Total		30.00		2.00	24.00	14.50	

	Normal Capacity	Maintenance	Environmental Index
	Units	mEUR	Index
Type B Line Nr. 6	25,000	1.00	110.0
Type C Line Nr. 7	25,000	1.00	115.0
Type C Line Nr. 8	25,000	1.00	115.0
Total / Average	75,000	3.00	113.3

Tab. 2.10: Auszüge aus dem Fertigungsbericht eines Unternehmens (II)

2. PRODUCTION STAFF

	Current Period	Previous Period
Workforce	1,429	1,189
- Absenteeism	49	99
= **Available Staff**	**1,380**	**1,090**
New Employees (%)	25.23	0.00
Process Optimization (mEUR)	5.00	3.00
Training Expenses per Employee (EUR)	1,600	3,200
Staff Motivation (Index)	44.4	63.5
Adaptation Index	0.95	1.03
× Process Optimization Index	1.05	1.04
× Staff Qualification Index	1.04	1.04
× Factor Motivation	1.03	0.90
= **Productivity Index I**	**1.06**	**1.00**

	Classic
Cumulated Production up to Previous Period	203,130
Productivity Index II	**1.05**

	Classic
Basic Productivity (Units / Period)	80.00
× Productivity Index I	1.06
× Productivity Index II	1.05
= **Productivity (Units / Period)**	**88.92**

Tab. 2.11: Auszüge aus dem Fertigungsbericht eines Unternehmens (III)

3. UTILIZATION PRODUCTION

Staff

	Classic	Total
Available Staff (without Overtime)		1,380
Available Staff (including Overtime)	1,518.00	
Productivity (Units / Period)	88.92	
Planned Production Quantity	58,000	
Actual Production Quantity	41,250	
Deployed Staff (including Overtime)	463.91	
Utilization of Staff (%)		33.6

Production Lines

	Classic	Total
Available Production Capacity (without Overtime)		75,000
Available Production Capacity (including Overtime)	82,500	
Production Line Capacity Needed per Finished Product	2.00	
Planned Production Quantity	58,000	
Actual Production Quantity	41,250	
Used Production Capacity	82,500	
Utilization of Production Lines (%)		110.0

2. Aufgabenstellung

Die Geschäftsleitung ist hinsichtlich der Entwicklung des Unternehmens in der Periode 4 schockiert. Es ergeht an Sie der Auftrag, anhand der vorliegenden Berichte eine Ursachen-Analyse für die Schieflage zu erstellen. (20 Punkte)

3. Lösung

Die Hauptursache für die Schieflage des Unternehmens liegt in der Produktion, die nicht richtig auf die Herstellung des neuen Produkts ausgerichtet wurde. Anders als die Vorgängergeneration benötigt das neue Produkt zwei statt bisher eine Maschineneinheit. Das heißt, mit dem alten Maschinenbestand läßt sich nur noch die Hälfte der Kopierer herstellen.

Auf der anderen Seite steigt die Grundproduktivität von 50 Geräten auf jetzt 80 Geräte pro Mitarbeiter. Dadurch werden nicht mehr so viele Fertigungsmitarbeiter benötigt, wenn man ähnlich hohe Mengen am Markt absetzen möchte. Diese Informationen erhielt die Geschäftsleitung mit den Wirtschaftsnachrichten der zweiten Periode.

Das Unternehmen ergänzte den Maschinenpark zwar mit zwei neuen C-Maschinen, kam damit aber insgesamt nur auf eine Gesamtkapazität von 75.000 Einheiten, sodaß bei einer maximalen Auslastung von 110 % nur 41.250 Kopierer hergestellt werden konnten (75.000 · 1,1 : 2 = 41.250). Diese Angaben sind dem Fertigungsbericht zu entnehmen.

Bei den Fertigungsmitarbeitern stellte man 25,23 % neue Mitarbeiter ein. Daneben erfolgen Investitionen über Prozeßoptimierung (5 Mio. €) und Trainings (1.600 € pro Mitarbeiter) in die Produktivität der Arbeiter, die somit in der Lage waren, 88,92 Kopierer je Arbeiter herzustellen. Für die geplante Fertigungsmenge von 58.000 Kopierern reichen somit 653 Fertigungsmitarbeiter. Insgesamt standen dem Unternehmen aber 1.380 produktive Mitarbeiter zu Verfügung. Selbst wenn genügend Maschinen zur Herstellung der Planproduktionsmenge verfügbar gewesen wären, käme man mit dieser Personalplanung der Fertigungsmitarbeiter auf eine Auslastung von nur 47,3 % (653 : 1.380). Tatsächlich wurden aufgrund des Engpasses bei den Maschinen aber nur 41.250 Kopierer hergestellt. Mit dieser Menge wurden dementsprechend nur 464 (genau 463,91 laut Fertigungsbericht) von den 1.380 verfügbaren Fertigungsmitarbeitern beschäftigt, sodaß die Auslastung auf 33,6 % sinkt.

Die enorme Unterauslastung des Personals und die geringe Fertigungsmenge der Kopierer sind für die hohen Herstell- und Selbstkosten der produzierten und abgesetzten Kopiergeräte verantwortlich.

Aufgrund der geringen Herstellmenge und des nicht vorhandenen Lagers an neuen Geräten standen nur 41.250 verkaufsfähige Produkte zur Verfügung. Das Unternehmen lieferte 7.000 Stück zu einem günstigen Preis an den Großabnehmer und konnte somit nur noch 34.250 Produkte am Markt 1 verkaufen. Der ausländische Markt 2 konnte nicht mehr beliefert werden.

Die fehlgeschlagene Umstellung der Produktion (weniger Fertigungsmitarbeiter und mehr Maschinen) und die damit einhergehende Unterversorgung der Märkte führte zu einem Jahresfehlbetrag von 70,19 Mio. € (hohe Kosten bei geringem Umsatz). Das schlechte Ergebnis und die mangelhafte Lieferfähigkeit aufgrund der Fehlmenge von 16.750 Kopierern (Plan-Menge 58.000, Ist-Menge 41.250) führten zu einem Überziehungskredit in Höhe von 84,87 Mio. €. Die hohe negative Eigenkapitalrendite ist auf den hohen Jahresfehlbetrag zurückzuführen.

4. Literaturempfehlung

TOPSIM (2019b): TOPSIM – General Management. Teilnehmerhandbuch Einführung. Version 15.3 Pro Szenario. Tübingen. Herunterladbar von: https://cloud.topsim.com/index.php?id=9#handbooks, S. 13.

Aufgabe 4: Wertanalyse

1. Bereitgestellte Daten und Berichte

Sie sehen nachfolgend Auszüge aus dem F&E-Bericht und dem Lagerbericht in der Periode 4. Bei dem hergestellten Produkt handelt es sich um den Copy Classic Generation 2.

WERTANALYSE

	Investitionen (MEUR)		Index
	Periode	Kumuliert	
COPY Classic Gen. 1	0,00	0,00	1,00
COPY Classic Gen. 2	3,00	3,00	1,03
COPY Budget Gen. 1	0,00	0,00	0,90

EINSATZSTOFFE/TEILE COPY CLASSIC

	Menge		Lagerwerte
	Stück	EUR/Stück	MEUR
Lageranfangsbestand	6.000	400,00	2,40
+ Zugang von Lieferant	70.450	320,00	22,54
+ Nachlieferung	0	720,00	0,00
- Abgang an Fertigung	74.223	326,28	24,22
= Lagerendbestand	2.227	326,28	0,73

Abb. 2.18: Auszüge aus einem F&E- und einem Lagerbericht

Ohne eine Investition in die Wertanalyse von Copy Classic Generation 2 hätte der Wertanalyse-Index bei 0,9 gelegen.

2. Aufgabenstellungen

a) Treffen Sie eine rechnerisch belegte Aussage, ob sich die Investition in die Wertanalyse lohnt. (10 Punkte)

b) Ein selbsternannter Planspielexperte behauptet, man könne alleine durch eine Wertanalyse-Investition mehr Produkte am Markt 1 absetzen. Nehmen Sie zu dieser Aussage kurz Stellung. (5 Punkte)

3. Lösungen

Zu a)

Die Produktionsmenge der Kopierer lag bei 76.450 Stück. Dieser Wert errechnet sich aus der Multiplikation des Wertanalyse-Index (1,03) mit der Verbrauchsmenge der Einsatzstoffe (74.223), weil der Wertanalyse-Index aussagt, daß mit einer Mengeneinheit Einsatzstoffe genau 1,03 Kopierer herstellbar sind.

Bei einem vollständigen Verzicht auf die Wertanalyse läge der Verbrauch bei 84.944 Mengeneinheiten an Einsatzstoffen (76.450 : 0,9). Dementsprechend wurden durch die Wertanalyse 10.721 Mengeneinheiten weniger verbraucht.

Kosten der Wertanalyse in Periode 4:	– 3.000.000 €
+ Materialersparnis: (10.721 · 326,28 €/ME)	+ 3.498.048 €
= Erfolg der Maßnahmen in Periode 4:	498.048 €

Die Wertanalyse-Investition lohnte sich bereits in dieser Periode. Da der Wertanalyse-Index in den Folgeperioden nicht absinkt, werden auch in den nächsten Perioden Dank dieser Entscheidung bessere Ergebnisse erzielen.

Zu b)

Diese Aussage ist falsch, weil der durch die Wertanalyse erzeugte Minderverbrauch an Material nur nach innen, also auf die Produktion des Unternehmens, wirkt. Für einen höheren Absatz wären die Produktmerkmale Technologie und Ökologie zu verbessern.

4. Literaturempfehlung

TOPSIM (2019b): TOPSIM – General Management. Teilnehmerhandbuch Einführung. Version 15.3 Pro Szenario. Tübingen. Herunterladbar von: https://cloud.topsim.com/index.php?id=9#handbooks, S. 13.

2.5 Produktions-Entscheidungen

Aufgabe 1: Kapazitätsauslastungen in der Fertigung

1. Bereitgestellte Daten und Berichte

Von vier Unternehmen liegen Ihnen in der folgenden Tabelle die Angaben zu den Auslastungen der Fertigungsanlagen und der Mitarbeiter in der Fertigung vor:

Tab. 2.12: Kapazitätsauslastungen im Vergleich

Unternehmen	Fertigungsanlagen		Auslastungen	
	Typ A	Typ B	Anlagen	Mitarbeiter
1	4	1	74,4 %	110,0 %
2	4	0	100,0 %	97,9 %
3	5	0	100,0 %	105,7 %
4	4	0	100,0 %	100,5 %

2. Aufgabenstellungen

Bei welchen Unternehmen sehen Sie einen Optimierungsbedarf? Geben Sie konkrete Handlungsempfehlungen. Gehen Sie bei Ihren Ausführungen auch auf mögliche Ursachen ein. (16 Punkte)

3. Lösungen

Unternehmen 1

Anlagen: Mit 74,4 % ist die Auslastung der Fertigungsanlagen sehr gering. Als Ursache kann hier die Anschaffung einer neuen Maschine bei gleicher Nichtberücksichtigung der nun verfügbaren Fertigungskapazitäten im Rahmen der Absatzplanung vermutet werden. Sinnvoller wäre es, die Produktionsplanung der Absatzplanung folgen zu lassen und nicht umgekehrt.[4]

Mitarbeiter: Mit 110 % hat die Auslastung der Mitarbeiter ihr mögliches Maximalmaß erreicht. Eine noch höhere Auslastung ist nicht möglich. Auch hier kann vermutet werden, daß die Produktionsplanung ohne die Beachtung der verfügbaren Mitarbeiter gemacht wurde. Die Konsequenz sind nun die das Betriebsergebnis dramatisch schmälernden sprungfixen Kosten in Höhe von 2,5 Mio. €.

Je nach Anzahl der Fertigungsmitarbeiter könnten sich jedoch diese kostengünstiger erweisen als die im Vergleich zu den Einstellungs- und Personalkosten, wenn die erforderliche Anzahl von Mitarbeitern einzustellen gewesen wäre. Zudem können auf diese Weise auch Entlassungskosten vermieden, weil später die eingestellten Fertigungsmitarbeiter nun wieder entlassen werden müßten.

Unternehmen 2

Anlagen: Die Auslastung der Fertigungsanlagen ist optimal.

Mitarbeiter: Noch nicht (ganz) optimal ist die Auslastung der Fertigungsmitarbeiter. Mit 97,9 % fehlt nur wenig an 100 %. Vermutlich sind im Unternehmen 2 zwei oder drei Mitarbeiter zu viel im Bestand. Zu prüfen wäre dies im Fertigungsbericht.

Auf zwei Wegen kann dieser Unterauslastung begegnet werden. Eine erste Möglichkeit wäre, eine entsprechende Anzahl mehr Kopierer herzustellen. Dies ginge jedoch nur, wenn die Fertigungsanlagen nicht bereits zu 100 % ausgelastet wären. Die zweite Möglichkeit wäre, diese Mitarbeiter zu entlas-

---

4 Vgl. dazu die Aufgabe 2 zum Management-Prozeß.

sen. Jedoch würden in diesem Fall Entlassungskosten anfallen. Ein möglicher Umgang mit einer Unterauslastung ist also gut zu überlegen.

Unternehmen 3
Anlagen: Die Auslastung der Fertigungsanlagen ist optimal.

Mitarbeiter: Mit 105,7 % sind die Mitarbeiter überausgelastet. Die sprungfixen Kosten werden fällig. In der Fertigung sind zu wenige Mitarbeiter beschäftigt. Zur Vermeidung dieser Überauslastung wären weitere Mitarbeiter einzustellen.

Unternehmen 4
Anlagen: Die Auslastung der Fertigungsanlagen ist optimal.

Mitarbeiter: Mit 100,5 % sind die Mitarbeiter überausgelastet. Auch wenn die Überauslastung nur ein solch geringes Maß aufweist, werden die sprungfixen Kosten fällig. Vermutlich fehlen nur ein oder zwei Mitarbeiter in der Fertigung. Insgesamt ist das Nichtbemerken dieses Planungsfehlers sehr ärgerlich.

4. Literaturempfehlung
TOPSIM (2019b): TOPSIM – General Management. Teilnehmerhandbuch Einführung. Version 15.3 Pro Szenario. Tübingen. Herunterladbar von: https://cloud.topsim.com/index.php?id=9#handbooks, S. 14–17.

Aufgabe 2: Eigen- oder Fremdfertigung

1. Bereitgestellte Daten und Berichte
In der Periode 5 konnte das Produkt Copy Budget erstmals produziert und verkauft werden. Als Alternative zur Eigenfertigung konnte der Copy Budget auch teilweise oder vollständig von einem Lieferanten gefertigt und eingekauft werden. Weiterhin liegen folgende Daten und Berichte vor:
- Lagerbericht des Unternehmens,
- die aktuelle Gesamtproduktivität der Mitarbeiter sowie
- die Auslastungen der Fertigungsmitarbeiter und -anlagen.

Tab. 2.13: Lagerbericht eines Unternehmens

Fertigprodukte COPY Budget

	Menge		Lagerwerte
	Stück	EUR/Stück	MEUR
Lageranfangsbestand	0	0,00	0,00
+ Zugang von Fertigung	4.000	1.270,71	5,08
+ Bezug Fremdfertigung	4.000	1.450,00	5,80
- Abgang an Vertrieb	8.000	1.360,36	10,88
= Lagerendbestand	0	1.360,36	0,00

Tab. 2.14: Die aktuelle Gesamtproduktivität der Mitarbeiter

	Classic	Budget
Grundproduktivität (Stück / Periode)	80,00	100,00
× Produktivitätsindex I	1,16	1,16
× Produktivitätsindex II	1,06	1,00
= Produktivität (Stück / Periode)	98,28	115,62

Tab. 2.15: Auslastung der Fertigungsmitarbeiter und -anlagen

3. AUSLASTUNG FERTIGUNG

Personal

	Classic	Budget	Gesamt
Einsetzbares Personal (ohne Überstunden)			699
Einsetzbares Personal (inklusive Überstunden)	768,90	104,97	
Produktivität (Stück / Periode)	98,28	115,62	
Geplante Fertigungsmenge	65.250	4.000	
Tatsächliche Fertigungsmenge	65.250	4.000	
Eingesetztes Personal (inklusive Überstunden)	663,93	34,60	
Auslastung Mitarbeiter (%)			99,9

Fertigungsanlagen

	Classic	Budget	Gesamt
Verfügbare Fertigungskapazität (ohne Überstunden)			138.500
Verfügbare Fertigungskapazität (inklusive Überstunden)	152.350	21.850	
Benötigte Anlagenkapazität pro Fertigprodukt	2,00	2,00	
Geplante Fertigungsmenge	65.250	4.000	
Tatsächliche Fertigungsmenge	65.250	4.000	
Genutzte Fertigungskapazität	130.500	8.000	
Auslastung Anlagen (%)			100,0

2. Aufgabenstellung

a) Beschreiben Sie kurz anhand des Lagerberichts die Beschaffungspolitik des Unternehmens beim Copy Budget. (5 Punkte)

b) Beurteilen Sie die Entscheidung Fremdbezug versus Eigenfertigung. (10 Punkte)

c) Treffen Sie anhand der vorliegenden Daten eine Aussage, ob die von der Produktion zur Verfügung gestellte Menge die Lieferfähigkeit beim Copy Budget sicherstellen konnte. (5 Punkte)

3. Lösungen

Zu a)

Die Produktion stellte dem Vertrieb insgesamt 8.000 Copy Budget für den Verkauf zur Verfügung. Von den 8.000 Geräten wurden 4.000 fertige Kopierer über einen Lieferanten eingekauft, die restlichen 4.000 Copy Budgets wurden mit eigenen Maschinen und Mitarbeitern selbst gefertigt.

Zu b)

Zunächst ist über den Lagerbericht erkennbar, daß die Eigenfertigung mit Herstellkosten von 1.270,71 € je Gerät günstiger ist als der Fremdbezug zu einem Preis von 1.450 €. Der Blick in den Fertigungsbericht läßt jedoch erkennen, daß sowohl die Fertigungsmitarbeiter als auch die Maschinen an der Auslastungsgrenze von 100 % gearbeitet haben.

Hätte das Unternehmen mehr Copy Budgets in Eigenfertigung herstellen wollen, hätten zusätzliche Mitarbeiter eingestellt und Maschinen angeschafft werden müssen, um an der Auslastungsgrenze von 100 % festzuhalten.

Alternativ wäre es auch möglich gewesen bei den Fertigungsmitarbeitern und den Maschinen in die Überlast zu gehen. Mit den vorhandenen Maschinen hätte man an der Kapazitätsgrenze von 110 % zusätzliche 6.925 Kopierer herstellen können ((21.850 − 8.000) : 2 = 6.925). Die vorhandenen Mitarbeiter wären an der Kapazitätsgrenze von 110 % bei unveränderter Produktivität in der Lage gewesen zusätzliche 8.136 Kopiergeräte herzustellen ((104,97 − 34,60) · 115,62 = 8.136,2).

Insofern stellen die Maschinen bei unveränderten Kapazitäten den Engpaß dar. Die 4.000 fremdgefertigten Kopiergeräte hätten damit aber auf jeden Fall hergestellt werden können.

Die Überschreitung der Kapazitätsgrenze von 100 % löst allerdings zusätzliche Fixkosten und Überstundenzuschläge aus, die sich kostenerhöhend auswirken. Im Rahmen der zur Verfügung gestellten Simulationsrechnungen können die kostenmäßigen Auswirkungen der verschiedenen Szenarien im Planspiel leicht berechnet werden.

Zu c)

Der Lagerbericht zeigt, daß die fremdbezogenen und selbsthergestellten Kopiergeräte in vollem Umfang über den Vertrieb abgerufen und somit am Markt verkauft wurden. Eine vollständige Leerung des Lagers läßt vermuten, daß es zu einer zumindest teilweisen Lieferunfähigkeit beim Produkt Copy Budget gekommen sein kann. Aus dem Seminarleiterbericht ist ersichtlich, daß insgesamt 8.659 Kunden (entspricht dem potentiellen Absatz) gerne einen Copy Budget beim hier dargestellten Unternehmen gekauft hätten. Insofern liegt hier tatsächlich eine Lieferunfähigkeit in Höhe von 659 nicht bedienten Kunden vor.

4. Literaturempfehlung

TOPSIM (2019c): TOPSIM – General Management. Unterlagen für den Seminarverlauf. Wirtschaftsprognose 8 Perioden. Version 15.3 Pro Szenario. Tübingen. Herunterladbar von: https://cloud.topsim.com/index.php?id=9#handbooks.

Aufgabe 3: Fertigungsengpaß

1. Bereitgestellte Daten und Berichte

Die Geschäftsleitung des Unternehmens stellt in der Analyse der Periode 5 fest, daß man lieferunfähig geworden ist. Aus der Markanalyse erhalten Sie folgende Daten:

Potentieller Absatz in der Periode 5:
Copy Classic Markt 1: 58.067 Geräte
Copy Classic Markt 2:   5.858 Geräte
Copy Budget Markt 1: 13.967 Geräte

Der Großabnehmer wurde mit 5.000 Copy Classic beliefert. Der Lageranfangsbestand vom Copy Classic lag zu Beginn der Periode 5 bei 0.

Zur Fehleranalyse liegt Ihnen der Fertigungsberichte der Periode 5 vor (siehe Tab. 2.16).

2. Aufgabenstellungen

a) Identifizieren Sie die Produkte und Märkte, auf denen das Unternehmen nicht vollständig liefern konnte. Geben Sie dabei auch die genaue Anzahl der nicht gelieferten Geräte an. (6 Punkte)

b) Welche der in a) identifizierten Lieferunfähigkeiten lassen sich auf Planungsfehler in der Produktion zurückführen? Begründen Sie Ihre Antwort kurz anhand der vorliegenden Zahlen. (6 Punkte)

Tab. 2.16: Fertigungsbericht eines Unternehmens aus der Periode 5

	Classic	Budget
Grundproduktivität (Stück / Periode)	80,00	100,00
× Produktivitätsindex I	0,84	0,84
× Produktivitätsindex II	1,06	1,00
= Produktivität (Stück / Periode)	71,71	84,27

3. AUSLASTUNG FERTIGUNG

Personal

	Classic	Budget	Gesamt
Einsetzbares Personal (ohne Überstunden)			977
Einsetzbares Personal (inklusive Überstunden)	1.074,70	126,48	
Produktivität (Stück / Periode)	71,71	84,27	
Geplante Fertigungsmenge	68.000	30.000	
Tatsächliche Fertigungsmenge	68.000	8.450	
Eingesetztes Personal (inklusive Überstunden)	948,22	100,27	
Auslastung Mitarbeiter (%)			107,3

Fertigungsanlagen

	Classic	Budget	Gesamt
Verfügbare Fertigungskapazität (ohne Überstunden)			139.000
Verfügbare Fertigungskapazität (inklusive Überstunden)	152.900	16.900	
Benötigte Anlagenkapazität pro Fertigprodukt	2,00	2,00	
Geplante Fertigungsmenge	68.000	30.000	
Tatsächliche Fertigungsmenge	68.000	8.450	
Genutzte Fertigungskapazität	136.000	16.900	
Auslastung Anlagen (%)			110,0

c) Unterbreiten Sie einen Vorschlag, mit dem der Planungsfehler in der Produktion hätte vermieden werden können. (3 Punkte)

2. Lösungen

Zu a)

Anzahl der zur Verfügung stehende Copy Classic:

Lagerbestand:	0
+ Produktionsmenge:	68.000
= verfügbare Menge	68.000

Abgang an Großabnehmer:	5.000	
+ Abgang an Markt 1:	58.067	
+ Abgang an Markt 2:	4.933	(nicht geliefert: 925 = 5.858 – 4.933)
= Summe:	68.000	

Zur Verfügung stehende Copy Budget:

Lagerbestand:	0	(weil erstmals in Periode 5 produziert)
+ Produktionsmenge:	8.450	(tatsächliche Menge lt. Bericht)
= verfügbare Menge:	8.450	
Abgang an Markt 1:	8.450	(nicht geliefert: 5.517 = 13.967 – 8.450)

Damit ist man auf dem Markt 2 mit Copy Classic mit 925 Geräten leicht lieferunfähig geworden. Hingegen war auf dem Markt 1 beim Copy Budget eine erhebliche Lieferunfähigkeit in Höhe von 5.517 Geräten zu beobachten.

Zu b)

Die geringe Lieferunfähigkeit beim Copy Classic ist auf Fehleinschätzungen am Markt zurückzuführen. Die Produktion hat ihre geplante Herstellmenge in Höhe von 68.000 Kopierern erreicht.

Anders sieht die Situation beim Copy Budget aus. Hier lag die Plan-Herstellmenge bei 30.000 Geräten. Es wurden aber nur 8.450 Kopierer gefertigt. Der Grund für diese Abweichung lag in der unzureichenden Gesamtkapazität der Maschinen, denn es konnten mit den bei 110 %iger Auslastung verfügbaren 16.900 Maschineneinheiten nur noch 8.450 Kopierer hergestellt werden. Zu bedenken ist, daß für die Herstellung eines Gerätes des Copy Budgets zwei Maschineneinheiten benötigt werden.

Die Mitarbeiter befanden sich ebenfalls oberhalb einer 100 %igen Auslastung. Sie waren aber mit den 107,3 % noch nicht an der Kapazitätshöchstgrenze von 110 %.

Zu c)

Vorschlag 1: Zukauf von fremdgefertigten Copy Budgets.
Vorschlag 2: Aufbau einer entsprechenden Maschinen- und Mitarbeiteranzahl.

4. Literaturempfehlung

TOPSIM (2019b): TOPSIM – General Management. Teilnehmerhandbuch Einführung. Version 15.3 Pro Szenario. Tübingen. Herunterladbar von: https://cloud.topsim.com/index.php?id=9#handbooks, S. 14.

Aufgabe 4: Personalauslastung in der Fertigung

1. Bereitgestellte Daten und Berichte

Nach einer Simulation erhalten Sie folgenden Auszug aus einem Fertigungsbericht:

	Classic
Kumulierte Fertigung bis Vorperiode	40.000
Produktivitätsindex II	1,00

	Classic
Grundproduktivität (Stück / Periode)	50,00
× Produktivitätsindex I	0,96
× Produktivitätsindex II	1,00
= Produktivität (Stück / Periode)	48,22

3. AUSLASTUNG FERTIGUNG

PERSONAL

	Classic	Gesamt
Einsetzbares Personal (ohne Überstunden)		871
Einsetzbares Personal (inklusive Überstunden)	958,10	
Produktivität (Stück / Periode)	48,22	
Geplante Fertigungsmenge	42.000	
Tatsächliche Fertigungsmenge	42.000	
Eingesetztes Personal (inklusive Überstunden)	871,08	
Auslastung Mitarbeiter (%)		100,0

Abb. 2.19: Auszug aus einem Fertigungsbericht

2. Aufgabenstellungen

a) Unterbreiten Sie mit Blick auf das Fertigungspersonal einen Vorschlag, mit dem sich das Betriebsergebnis maximieren läßt. Trainings und Prozeßoptimierungen stehen in dieser Entscheidungsperiode noch nicht zur Verfügung. (10 Punkte)

b) Welche Auswirkungen hat Ihr Vorschlag aus a) auf das Betriebsergebnis (EBIT), wenn Ihnen folgende Informationen vorliegen: (5 Punkte)

Erfolgswirkung eines hergestellten Kopierers auf das Betriebsergebnis:
+ 240 €;
Lohn- und Einstellungskosten eines Fertigungsmitarbeiters in Summe:
55.000 €,
Fixkostenaufschlag bei Auslastungen über 100 %: 2,5 Mio. €.
(Der Überstundenaufschlag ist zu vernachlässigen.)

3. Lösungen

Zu a)

Das Problem liegt in der Auslastung der Fertigungsmitarbeiter. Die 100 %ige Auslastung im Bericht verschleiert den Blick, da es sich um einen gerundeten Wert handelt und entsprechende Nachkommastellen fehlen. Die rechnerisch vollständige Auslastung beträgt nämlich 100,0092 % (871,08 : 871). Durch diese geringfügige Überschreitung werden im Planspiel die zusätzlichen Fixkosten von 2,5 Mio. € ausgelöst.

Vorschlag 1: Verringerung der Fertigungsmenge um vier Kopiergeräte. Diese Anzahl erhält man, indem die Überlast von 0,08 Mitarbeitern (zu viel eingesetztes Personal) mit der Produktivität eines Mitarbeiters (48,22 Kopiergeräte je Fertigungsmitarbeiter, siehe im oberen Teil des Auszugs aus dem Fertigungsbericht) multipliziert.

Vorschlag 2: Einstellung eines weiteren Mitarbeiters.

Zu b)

Vorschlag 1:

Ersparnis der Überlast-Fixkosten:	2.500.000 €
Wegfall des Erfolgs von vier Kopierern (4 · 240 €)	– 960 €
Betriebsergebnisverbesserung:	2.499.040 €

Vorschlag 2:

Ersparnis der Überlast-Fixkosten:	2.500.000 €
Lohn- und Einstellungskosten eines Mitarbeiters:	– 55.000 €
Zusätzlicher Erfolg von 44 weiteren herstellbaren Kopierern durch den zusätzlichen Mitarbeiter	
$((1 - 0,08) \cdot 48,22 \cdot 240 \text{ €})$	10.560 €
Betriebsergebnisverbesserung:	2.455.560 €

Es lassen sich auch noch weitere Möglichkeiten kreieren. Da es sich um eine Entscheidung des Fertigungsbereichs handelt, sollte das Problem auch nur für diesen Bereich untersucht werden. Beide Vorschläge mit vollständigen Rechnungen sind mit voller Punktzahl bewertet, weil die Ergebnisunterschiede mit Blick auf die Größenordnungen im Planspiel marginal sind.

4. Literaturempfehlung
TOPSIM (2019b): TOPSIM – General Management. Teilnehmerhandbuch Einführung. Version 15.3 Pro Szenario. Tübingen. Herunterladbar von: https://cloud.topsim.com/index.php?id=9#handbooks, S. 18.

2.6 Personalwirtschaftliche Entscheidungen

Aufgabe 1: Personalwirtschaftliche Entscheidungsbereiche

1. Aufgabenstellung
Für welche Unternehmensbereiche sind Personalentscheidungen zu treffen? Erläutern Sie die jeweiligen Entscheidungssituationen und die damit erreichbaren Effekte. (12 Punkte)

2. Lösung
Die drei Unternehmensbereiche, in denen Personalentscheidungen gefällt werden können, sind der Vertrieb, die Fertigung und die Forschung & Entwicklung.

Vertrieb: Im Vertrieb, als ein Teilbereich des Marketing-Mixes,[5] ist der Bestand an Vertriebsmitarbeitern anzugeben, die in der nächsten Planungsperiode die Vertriebsaufgabe auf dem jeweiligen Markt erfüllen sollen. Die Vertriebsmitarbeiter bringen die Nähe zu den Kunden zum Ausdruck.

Fertigung: Die Festlegung der Anzahl der Fertigungsmitarbeiter beeinflußt das Fertigungsvolumen.[6] Hier sind im Gegensatz zum Vertrieb und zur Forschung und Entwicklung die genaue Anzahl der einzustellenden bzw. zu entlassenden Mitarbeiter anzugeben.

Forschung & Entwicklung: Die Festlegung der Anzahl der F&E-Mitarbeiter beeinflußt den Entwicklungsstand der Kopierer. Je mehr F&E-Mitarbeiter im Einsatz sind, desto größer ist der Sprung des Technologie-Indexes. Dieser Zusammenhang kann jedoch als degressiv bezeichnet werden. Eine zu hohe Steige-

---

5 Vgl. hierzu auch die Aufgaben zum Kapitel 2.2 Absatz-Entscheidungen.
6 Vgl. hierzu auch die Aufgabe 1 zum Kapitel 2.5 Produktions-Entscheidungen.

rung der Anzahl der F&E-Mitarbeiter führt nur zu einer begrenzten Steigerung des Technologie-Indexes des Kopierers.[7]
Vergleichbar zum Vertrieb ist auch hier der jeweils für die nächste Periode gewünschte Bestand an F&E-Mitarbeitern anzugeben. Eine Reduzierung der F&E-Mitarbeiter auf Null führt dazu, daß in der nächsten Spielperiode der Kopierer den selben Technologiewert aufweist. Ein einmal erreichter Entwicklungsstand kann sich nicht verschlechtern.

In den Unternehmensbereichen Beschaffung sowie in der Verwaltung können keine Personalentscheidungen getroffen werden. Hier wird durch das Planspiel in Abhängigkeit von der Umsatzhöhe die erforderliche Anzahl an Mitarbeitern bereitgestellt.

3. Literaturempfehlung
TOPSIM (2019b): TOPSIM – General Management. Teilnehmerhandbuch Einführung. Version 15.3 Pro Szenario. Tübingen. Herunterladbar von: https://cloud.topsim.com/index.php?id=9#handbooks, S. 18–19.

Aufgabe 2: Wirkung der personalwirtschaftlichen Instrumente: Training und Prozeßoptimierung

1. Bereitgestellte Daten und Berichte
In der Periode 3 können erstmals die personalwirtschaftlichen Instrumente Training und Prozeßoptimierung eingesetzt werden. Sie erhalten in der nachfolgenden Tabelle aus den Fertigungsberichten von vier Unternehmen Daten zu den Trainings und zur Prozeßoptimierung der Periode 3:

Tab. 2.17: Die personalwirtschaftlichen Instrumente von vier Unternehmen

	Prozeßoptimierung		Trainings		einsetzbare Mitarbeiter
	Ausgabe	Index	Ausgaben pro Mitarbeiter	Index	
Unternehmen 1	0,50 Mio. €	1,01	2.000 €	1,02	969
Unternehmen 2	1,00 Mio. €	1,01	1.600 €	1,01	1.260
Unternehmen 3	0,25 Mio. €	1,00	500 €	0,98	1.059
Unternehmen 4	3,00 Mio. €	1,04	3.200 €	1,04	1.213

---

[7] Vgl. hierzu auch die Aufgabe 1 zum Kapitel 2.4 Entscheidungen zur Forschung & Entwicklung.

Die Grundproduktivität eines Mitarbeiters für die Herstellung eines Kopierers Copy Classic Generation 1 beträgt 50 Kopierer pro Jahr und Fertigungsmitarbeiter.

2. Aufgabenstellungen

a) Erläutern Sie kurz, wie und auf welchen Bereich diese beiden Instrumente wirken. (6 Punkte)
b) Ermitteln Sie die Gesamtkosten für Prozeßoptimierung und Trainings der vier Unternehmen. (8 Punkte)
c) Erklären Sie kurz, warum Unternehmen 3 bei den Trainings im Qualifizierungsindex von 1,0 auf 0,98 gefallen ist. (2 Punkte)
d) Berechnen Sie, wie viele Mitarbeiter das Unternehmen 4 durch Prozeßoptimierung und Trainings einsparen konnte? Gehen Sie dabei von einer optimalen Auslastung von nahezu 100 % aus. (8 Punkte)
   Anmerkung: Wenn keine Ausgaben in Prozeßoptimierung und Trainings stattfinden, weisen die Indizes folgende Werte auf:

Prozeßoptimierung: 1,00

Qualifizierungsindex: 0,95

e) Beurteilen Sie mit Blick auf Ihr Ergebnis in Aufgabe d), ob sich die Maßnahme von Unternehmen 4 rentiert hat. Gehen Sie dabei von Personalkosten in Höhe von 60.000 € pro Mitarbeiter aus. (6 Punkte)

3. Lösungen

Zu a)

Beide Instrumente sind geeignet, um die Produktivität der Fertigungsmitarbeiter zu erhöhen. Mit Hilfe von Projekten zur Prozeßoptimierung können die Arbeitsabläufe in der Fertigung rationeller gestaltet werden. Dadurch erhöht sich die Produktivität der Mitarbeiter. Allerdings verstärken solche Projekte auch die Fehlzeiten (infolge der höheren Belastung der Mitarbeiter).

Ausgaben für Trainings des Fertigungspersonals erhöhen die Qualifizierung der Mitarbeiter und führen dadurch zu einer Erhöhung der Produktivität. Die Ausgaben für Trainings erhöhen den Personalqualifikations-Index (Periode 0 = 1,00). Darüber hinaus senken Trainings auch die Fehlzeiten. Die Kosten für einen Trainingstag pro Fertigungsmitarbeiter liegen durchschnittlich bei ca. 800 €. In der Branche sind zwei bis sechs Trainingstage pro Jahr pro Fertigungsmitarbeiter üblich. Je höher die Qualifikation der Mitarbeiter, desto schneller nimmt diese ab, falls Trainingsmaßnahmen komplett wegfallen oder stark reduziert werden.

Zu b)

In der nachfolgenden Tabelle werden die Kosten für Prozeßoptimierung und Trainings für die vier Unternehmen ermittelt. Die Prozeßoptimierungskosten lassen sich direkt aus der Aufgabenstellung entnehmen. Die Trainingskosten werden durch die Ausgaben pro Mitarbeiter multipliziert mit der Mitarbeiterzahl ermittelt.

Tab. 2.18: Kosten der personalwirtschaftlichen Instrumente von vier Unternehmen

	Unternehmen 1	Unternehmen 2	Unternehmen 3	Unternehmen 4
Prozeßoptimierung	0,50 Mio. €	1,00 Mio. €	0,25 Mio. €	3,00 Mio. €
Trainings	1,9380 Mio. €	2,0160 Mio. €	0,5295 Mio. €	3,8816 Mio. €
Summe	2,4380 Mio. €	3,0160 Mio. €	0,7795 Mio. €	6,8816 Mio. €

Zu c)

Mit Einsatz der Trainings kann es dazu kommen, daß ein zu geringes Trainingsbudget den Index unter 1,0 sinken läßt. Das Unternehmen 3 investierte 500 € pro Mitarbeiter in Trainings. Dieser Betrag ist auch laut Teilnehmerhandbuch und Wirtschaftsnachrichten eher als unterdurchschnittlich einzustufen und führte deshalb zum Absinken des Faktors.

Zu d)

Die beiden Maßnahmen steigern isoliert betrachtet die Produktivität bei Unternehmen 4 auf insgesamt 1,0816 (1,04 · 1,04). Ohne diese Maßnahmen läge der Index bei 0,95 (1,0 · 0,95).

Die Produktivität in herstellbaren Kopiergeräten liegt bei der Durchführung der Maßnahmen bei 54,083 (50 · 1,0816) und ohne die Maßnahmen bei 47,5 (50 · 0,95). Folglich liegt die mögliche Produktionsmenge bei einer 100 %igen Auslastung bei der höheren Produktivität bei 65.602,68 Kopiergeräten (1.213 · 54,083). Mit der niedrigeren Produktivität bräuchte man bei 100 %iger Auslastung 1.381 Mitarbeiter (65.602,68 : 47,5). Damit brachte die Prozeßoptimierung mit den Trainings eine Mitarbeitereinsparung in Höhe von 168 (1.381 − 1.213).

Im Planspiel wirken durch die beiden Maßnahmen weitere Effekte: erhöhte Fehlzeiten und eine höhere Motivation, die das Ergebnis geringfügig verändern. Eine Abschätzung zur Vorteilhaftigkeit kann allerdings immer nur isoliert und damit näherungsweise erfolgen. Insofern sind auch andere Rechenwege, die in die Nähe des hier vorgestellten Ergebnisses liegen, akzeptabel.

Zu e)

Bei berechneten 168 eingesparten Mitarbeitern ergibt sich eine Ergebnisverbesserung von 10,08 Mio. € (168 · 60.000). Die Ausgaben dafür betrugen entsprechend des Aufgabenteil b) 6,88 Mio. €. Damit sind die Maßnahmen bereits in der Periode der Durchführung ein voller Erfolg. Der Prozeßoptimierungsindex wird sich zukünftig nicht abbauen. Bei den Trainings sind auch zukünftig Ausgaben notwendig, damit der Qualifizierungsindex nicht absinkt. Trotzdem haben sich die beiden Maßnahmen rentiert.

4. Literaturempfehlung

TOPSIM (2019b): TOPSIM – General Management. Teilnehmerhandbuch Einführung. Version 15.3 Pro Szenario. Tübingen. Herunterladbar von: https://cloud.topsim.com/index.php?id=9#handbooks, S. 20.

Wöhe, Günter; Ulrich Döring und Gerrit Brösel (2020): Einführung in die Allgemeine Betriebswirtschaftslehre, 27. Auflage. München, S. 121–151.

Aufgabe 3: Personalentscheidungen in der F&E

1. Bereitgestellte Daten und Berichte

Ihnen liegen von einem Unternehmen Informationen aus den Entscheidungsprotokollen der Perioden 7 und 8 vor:

Produktentwicklung

			P 7	P 8
Technologie Personalendbestand	Classic Gen. 1	Anzahl	0	0
Technologie Personalendbestand	Classic Gen. 2	Anzahl	47	0
Technologie Personalendbestand	Budget	Anzahl	0	0
Ökologie	Classic Gen. 1	MEUR	0,00	0,00
Ökologie	Classic Gen. 2	MEUR	1,00	0,00
Ökologie	Budget	MEUR	0,00	0,00
Wertanalyse	Classic Gen. 1	MEUR	0,00	0,00
Wertanalyse	Classic Gen. 2	MEUR	0,00	0,00
Wertanalyse	Budget	MEUR	0,00	0,00

Abb. 2.20: Entscheidungen zur Produktentwicklung

Die Gewinn- und Verlustrechnung, einschließlich des Betriebsergebnisses in der Periode 8 stellt sich wie folgt dar:

UMSATZKOSTENVERFAHREN

	MEUR
Umsatzerlöse	208,46
+ Sonstige Erträge	0,00
- Umsatzkosten	113,23
- F&E	2,58
- Vertrieb	30,33
- Verwaltung	16,52
- Sonstiger Aufwand	0,00
= Betriebsergebnis	45,80

Abb. 2.21: Die Gewinn- und Verlustrechnung der Periode 8

2. Aufgabenstellungen

a) Beschreiben Sie kurz die getroffenen Personalentscheidungen der Periode 8 für den Bereich Forschung und Entwicklung (F&E). (5 Punkte)

b) Die Geschäftsleitung fragt bei der Spielleitung an, wie es im Zusammenhang mit den Entscheidungen im Bereich der Produktentwicklung zu diesen F&E-Kosten kommen konnte. Geben Sie der Geschäftsleitung eine Erklärung dazu ab, und beurteilen Sie die Entscheidung der Geschäftsleitung. (15 Punkte)

3. Lösungen

Zu a)

Personalentscheidungen im Bereich der Produktentwicklung beschränken sich auf Einstellung und Entlassung von Mitarbeitern im Bereich (F&E). Die Indizes für Ökologie und Wertanalyse werden über externe Berater gesteuert.

In Periode 8 sollte nach der Entscheidung der Geschäftsleitung keine Entwicklungsarbeit geleistet werden. Insofern entschied man sich, die 47 Mitarbeiter der Vorperiode 7 vollständig abzubauen. Da bei den F&E-Mitarbeitern im Planspiel der Zielbestand an Mitarbeitern einzugeben ist, wurde hier der Mitarbeiterbestand für Periode 8 auf 0 gesetzt. Der Personalbericht zeigt die Mitarbeiterentwicklung für die Periode 8 (siehe Abb. 2.22).

Der Abbau der 47 Mitarbeiter im F&E-Bereich erfolgte durch 46 Entlassungen und einen fluktuationsbedingten Mitarbeiterabgang. Die Verteilung erfolgt automatisch über die Eingabe des Zielbestandes an F&E-Mitarbeitern. Im Fertigungsbereich hingegen erfolgt die Anpassung manuell über die Anzahl an Einstellungen oder Entlassungen. Hinweis: Da die genaue Fluktuation in den zur Verfügung gestellten Berichten nicht ersichtlich war, reicht ein Hinweis auf eine mögliche Personalreduzierung durch die Fluktuation.

	Einkauf	Verwaltung	Fertigung	F&E	Vertrieb	Summe
Personalanfangsbestand	53	280	684	47	170	1.234
+ Einstellungen	1	6	0	0	8	15
- Entlassungen	0	0	119	46	0	165
- Fluktuation	1	6	13	1	8	29
= Personalendbestand	53	280	552	0	170	1.055
Löhne/Gehälter (MEUR) (*)	2,01	10,08	20,98	0,00	8,50	41,57
Einstellungen/Entlassungen/Training (MEUR)	0,01	0,05	6,33	1,38	0,06	7,83
Personalnebenkosten (MEUR) (*)	1,01	5,04	10,49	0,00	4,25	20,79
Pensionsrückstellungen (MEUR) (*)	0,04	0,20	0,42	0,00	0,17	0,83
Summe Personalkosten (MEUR)	3,07	15,37	38,21	1,38	12,98	71,02
Kosten Sozialplan (MEUR)	0,00	0,00	1,79	1,15	0,00	2,94

Abb. 2.22: Auszug aus dem Personalbericht der Periode 8

Zu b)

Durch die Entscheidung der Geschäftsleitung entstehen zwar keine direkten Personalkosten in Form von gezahlten Löhnen und Gehältern. Allerdings fallen durch die Entlassung von 46 Mitarbeitern Entlassungskosten (Abfindungen u. ä.) in Höhe von 1,38 Mio. € an (30.000 Euro pro Mitarbeiter). Zusätzlich zu den Entlassungskosten sind Sozialplankosten in Höhe von 1,15 Mio. € entstanden (siehe Abb. 2.23).[8]

Die gesamten Sozialplankosten ergeben sich aus 46 Entlassungen multipliziert mit 25.000 Euro pro Entlassung, weil die Entlassungsquote bei 97,9 % (46 : 47) liegt. Die Entlassungs- und Sozialplankosten machen somit zusammen 2,53 Mio. € Personalkosten aus. In der GuV wurden jedoch 2,58 Mio. € F&E-Kosten ausgewiesen. Zur Klärung dieser Lücke hilft ein Blick in die Kostenstellenrechnung und hier speziell in die Kostenstelle F&E (Abb. 2.24).

Hier wird dann ersichtlich, daß in der Kostenstelle F&E neben den Personalkosten auch noch Gebäude-Abschreibungen in Höhe von 50.000 Euro anfallen. Diese Kosten sind auch durch die Entscheidung der vollständigen Schließung des Bereichs F&E im Planspiel nicht abbaubar.

Vor diesem Hintergrund stellt sich die Frage, ob der Personalabbau in Periode 8 eine sinnvolle Entscheidung war. Mit Blick auf die Personalkosten der Periode 7 soll gezeigt werden, daß die Beibehaltung des Personals nur unwesentlich mehr gekostet hätte (Abb. 2.25).

---

8 Vgl. TOPSIM (2019), S. 19

SOZIALPLAN

Wenn in einer einzelnen Abteilung mehr als 10% des Personalanfangsbestandes entlassen werden (Fluktuation zählt hier nicht dazu), so fallen weitere Personalkosten für Sozialpläne für jede weitere Entlassung in dieser Abteilung an. Diese Kosten entstehen zusätzlich zu den normalen Entlassungskosten. Die Höhe der einmaligen Sozialplankosten richtet sich nach der Anzahl der entlassenen Mitarbeiter. Je mehr Mitarbeiter entlassen werden, desto höher werden die durchschnittlichen Entschädigungen für die Mitarbeiter. Sofern in den Wirtschaftsnachrichten keine anderen Informationen kommuniziert werden, gelten die folgenden Sozialkosten:

ENTLASSUNGEN (IN % VOM PERSONALANFANGSBESTAND)	SOZIALPLANKOSTEN PRO ENTLASSUNG
10% - 29,99%	15.000 EUR
30% - 49,99%	20.000 EUR
50% - 100%	25.000 EUR

Abb. 2.23: Abschnitt Sozialplan im Teilnehmerhandbuch

	Summe	Einkauf	Fertigung	F&E	Vertrieb	Verwaltung
MATERIALKOSTEN						
Einsatzstoffe / Teile	0,00	0,00	0,00	0,00	0,00	0,00
Betriebsstoffe	0,00	0,00	0,00	0,00	0,00	0,00
PERSONALKOSTEN						
Löhne / Gehälter (*)	21,40	2,01	0,80	0,00	8,50	10,08
Einstellungen / Entlassungen / Training	7,83	0,01	6,33	1,38	0,06	0,05
Kosten Sozialplan	2,94	0,00	1,79	1,15	0,00	0,00
Personalnebenkosten	10,70	1,01	0,40	0,00	4,25	5,04
Pensionsrückstellungen	0,43	0,04	0,02	0,00	0,17	0,20
ABSCHREIBUNGEN						
Gebäude	1,00	0,05	0,70	0,05	0,05	0,15
Fertigungsanlagen	8,27	0,00	8,27	0,00	0,00	0,00
Umwelttechnik	0,10	0,00	0,10	0,00	0,00	0,00
Fertigerzeugnisse	0,00	0,00	0,00	0,00	0,00	0,00
SONSTIGE KOSTEN						
Sonstige fixe Kosten	13,50	0,00	13,50	0,00	0,00	0,00
Instandhalt. / Rationalisierung	6,00	0,00	5,00	0,00	0,00	1,00
Prozessoptimierung	8,00	0,00	8,00	0,00	0,00	0,00
Umweltabgabe	0,00	0,00	0,00	0,00	0,00	0,00
Nacharbeit / Ausschuss	0,00	0,00	0,00	0,00	0,00	0,00
Lagerkosten	0,41	0,00	0,00	0,00	0,41	0,00
Werbung / Marktforschung / CI	0,55	0,00	0,00	0,00	0,55	0,00
Sonstige Kosten F&E	0,00	0,00	0,00	0,00	0,00	0,00
Transportkosten	0,00	0,00	0,00	0,00	0,00	0,00
Summe der Kosten	81,12	3,12	44,90	2,58	14,00	16,52

(*) Mit Kosten für Überstunden

Abb. 2.24: Bericht aus der Kostenstellenrechnung

	Einkauf	Verwaltung	Fertigung	F&E	Vertrieb	Summe
Personalanfangsbestand	50	274	689	95	172	1.280
+ Einstellungen	5	16	30	0	12	63
- Entlassungen	0	0	0	45	0	45
- Fluktuation	2	10	35	3	14	64
= Personalendbestand	53	280	684	47	170	1.234
Löhne/Gehälter (MEUR) (*)	1,91	9,52	24,62	2,40	7,99	46,44
Einstellungen/Entlassungen/Training (MEUR)	0,03	0,08	3,57	1,35	0,06	5,09
Personalnebenkosten (MEUR) (*)	0,80	4,00	10,34	1,01	3,36	19,50
Pensionsrückstellungen (MEUR) (*)	0,04	0,19	0,49	0,05	0,16	0,93
Summe Personalkosten (MEUR)	2,77	13,79	39,03	4,80	11,57	71,96
Kosten Sozialplan (MEUR)	0,00	0,00	0,00	0,90	0,00	0,90
Trainingsmaßnahmen Fertigung (MEUR)			3,42			
Personalnebenkosten in % der Gehälter						42,00

Abb. 2.25: Auszug aus dem Personalbericht der Periode 7

Für die 47 Mitarbeiter wären dann in der Periode 8 folgende Kosten angefallen:

Löhne/Gehälter:	2,4 Mio. €
+ Personalnebenkosten:	1,2 Mio. €
+ Pensionsrückstellungen:	0,05 Mio. €
= Summe:	3,65 Mio. €

Die Einstellungskosten für einen Mitarbeiter durch die Fluktuation sind aufgrund ihrer Geringfügigkeit vernachlässigbar. Die Personalnebenkosten fallen gegenüber der Periode 7 höher aus, weil die Geschäftsleitung diese in Periode 8 auf 50 % heraufgesetzt hatte, siehe Personalbericht der Periode 8 (siehe Abb. 2.22).

Entgegen der jetzigen Personalkosten in Höhe von 2,53 Mio. € hätte man hier nur um 1,12 Mio. € höhere Kosten (vor Steuern), dafür aber einen F&E-Fortschritt bei den Produkten gehabt. Vor diesem Hintergrund ist der vollständige Abbau des Personals im F&E-Bereich sehr fragwürdig.

4. Literaturempfehlung
TOPSIM (2019b): TOPSIM – General Management. Teilnehmerhandbuch Einführung. Version 15.3 Pro Szenario. Tübingen. Herunterladbar von: https://cloud.topsim.com/index.php?id=9#handbooks, S. 17–22.

2.7 Finanzwirtschaftliche Entscheidungen

Aufgabe 1: Finanzierungsentscheidungen und deren Auswirkungen

1. Bereitgestellte Daten und Berichte

Aus den Geschäftsberichten der Branche für Periode 4 liegen Ihnen die Bilanzen von fünf Unternehmen vor:

Tab. 2.19: Die Bilanzen von fünf Unternehmen

BILANZ (MEUR)

AKTIVA	U1	U2	U3	U4	U5
Anlagevermögen	**42,90**	**58,15**	**90,77**	**122,63**	**71,87**
Grundstücke und Bauten	16,00	16,00	16,00	16,00	16,00
Maschinen und Betriebsaustattung	26,90	42,15	74,77	106,63	55,87
Umlaufvermögen	**40,23**	**47,94**	**44,91**	**45,38**	**58,51**
Materialien	2,17	0,79	8,01	5,17	9,82
Fertige Erzeugnisse	1,39	14,55	1,75	1,33	16,59
Forderungen aus L & L	35,83	32,49	34,96	36,74	32,01
Wertpapiere	0,00	0,00	0,00	0,00	0,00
Kassenbestand	0,84	0,10	0,19	2,13	0,10
Bilanzsumme	83,13	106,09	135,68	168,01	130,38
PASSIVA	U1	U2	U3	U4	U5
Eigenkapital	**54,06**	**58,33**	**62,25**	**57,79**	**61,91**
Gezeichnetes Kapital	15,00	15,00	15,00	15,00	15,00
Kapitalrücklage	2,50	2,50	2,50	2,50	2,50
Gewinnrücklage	6,50	6,50	6,50	6,50	6,50
Gewinn-/ Verlustvortrag	16,95	29,30	27,08	24,40	30,14
Periodenüberschuss/ -fehlbetrag	13,11	5,03	11,17	9,39	7,77
Pensionsrückstellungen	**22,57**	**23,08**	**22,18**	**23,53**	**22,46**
Pensionsrückstellungen	22,57	23,08	22,18	23,53	22,46
Verbindlichkeiten	**6,50**	**24,68**	**51,25**	**86,69**	**46,01**
Restlaufzeit über 10 Perioden	0,00	0,00	0,00	30,00	0,00
Restlaufzeit unter 1 Periode	6,50	13,84	51,25	56,69	30,00
Überziehungskredit	0,00	10,84	0,00	0,00	16,01
Bilanzsumme	83,13	106,09	135,68	168,01	130,38

Die Wirtschaftsnachrichten enthielten folgende Hinweise zu den anstehenden Finanzierungsentscheidungen:

◉ Finanzierung

Bislang wurde das Liquiditätsmanagement des Unternehmens von einem Finanzdienstleister verantwortet. Der Aufsichtsrat verpflichtet den Vorstand ab sofort die Finanzierungsentscheidungen selbst zu treffen, um Kosten zu sparen. Zur Auswahl stehen kurzfristige Kredite mit einer Laufzeit von einem Jahr und langfristige Kredite, die erst nach zehn Jahren zurückgezahlt werden müssen. Zudem können nun Dividenden an die Aktionäre ausgeschüttet werden.

Die Anlage liquider Mittel kann in festverzinslichen Wertpapieren erfolgen. Diese Form der Geldanlage ist praktisch ohne Risiko, die erzielbaren Zinserträge sind allerdings entsprechend niedrig. Sie sollten also sorgfältig abwägen, ob Sie stattdessen nicht besser bestehende Kredite tilgen oder das Geld investieren.

Sollte Ihrem Unternehmen zu wenig Liquidität zur Verfügung stehen, wird automatisch der Überziehungskredit bei der Hausbank in Anspruch genommen. Dieses Angebot können Sie flexibel nutzen. Allerdings ist der zu zahlende Zinssatz deutlich höher als bei der Aufnahme kurz- und langfristiger Kredite. Die tatsächlichen Zinsen für langfristige Kredite sowie für die Inanspruchnahme des Überziehungskredites werden durch das unternehmensspezifische Rating beeinflusst.

ZINSEN

Kurzfristige Kredite*	%	9,5
Langfristige Kredite*	%	7,5
Überziehungskredit*	%	14,5
Wertpapiere	%	5,5

Abb. 2.26: Auszüge aus den Wirtschaftsnachrichten der Periode 4

2. Aufgabenstellungen

a) Woran werden Finanzierungsentscheidungen eines Unternehmens sichtbar? (10 Punkte)

b) Kommentieren Sie die Finanzierungsentscheidungen der fünf Unternehmen. (20 Punkte)

c) Welche(s) Unternehmen hat mit Blick auf die Effizienz die beste Finanzierungsentscheidung getroffen? Begründen Sie Ihre Antwort kurz. (5 Punkte)

d) Erläutern Sie kurz, ob der Kauf von Wertpapieren in der Periode 4 für die Unternehmen sinnvoll gewesen wäre. (5 Punkte)

3. Lösungen und Erläuterungen

Zu a)

Die Bilanz zeigt die in der letzten Periode getroffenen Finanzierungsentscheidungen und deren Auswirkungen. Interessant in diesem Zusammenhang sind die liquiditätsnahen Positionen auf der Aktivseite der Bilanz (Bestand an Wertpapieren sowie der Kassenbestand) sowie die Zahlungsverpflichtungen auf der Passivseite der Bilanz (lang- und kurzfristige Kredite sowie ggfs. der Überziehungskredit).

Ein Bestand an Wertpapieren bedeutet, daß die Unternehmensleitung mit einem Liquiditätsüberschuß gerechnet hatte. Um diesen nicht unverzinst in der Kasse liegen zu lassen, wurde Wertpapiere erworben. Wertpapiere sind kurzfristige Geldanlagen, die zudem mit einem geringfügigen Habenzins verbunden sind. Zu Beginn der nächsten Spielperiode werden diese kurzfristigen Finanzanlagen automatisch aufgelöst und der Kasse zugeführt.

Ein Kassenbestand ist ein Hinweis auf vorhandene liquide Mittel. Spielseitig wird für einen Kassen-Mindestbestand in Höhe von 100.000 € bzw. 0,1 Mio. € gesorgt. Liegt ein darüberhinausgehender Kassenbestand vor, wurde seitens der Unternehmensleitung nicht mit einem solchen Zuwachs an Liquidität gerechnet oder auch nur versäumt, die entstehende Liquidität zinsbringend anzulegen.

Ein Bestand an kurz- oder langfristigen Krediten ist das Ergebnis der Überlegung, einen festgestellten Kapitalbedarf möglichst fristgerecht mit der Zufuhr von Fremdkapital zu decken. Bei der Aufnahme kurzfristiger Kredite wird spielseitig zu Beginn der nächsten Spielperiode der kurzfristige Kredit automatisch getilgt. Die Verrechnung der fälligen Sollzinsen erfolgt in der Periode, in welcher der kurzfristige Kredit aufgenommen wird.

Ein langfristiger Kredit hat eine Laufzeit von zehn Jahren. Dies bedeutet, daß das Unternehmen diesen Kredit in der üblichen Spieldauer nicht tilgen kann. Daher ist genau zu überlegen, in welcher Höhe ein langfristiger erforderlich wird. Zweifelsfrei ist ein langfristiger Kredit zinsgünstiger als ein kurzfristiger. Nicht aus dem Blick verloren werden sollte die Liquiditätswirkung des Kredites. Erwirtschaftet das Unternehmen einen Liquiditätsüberschuß kann dieser nicht zur Tilgung genutzt werden. Im schlimmsten Fall droht das Unternehmen an Liquidität „zu ertrinken".

Ein Überziehungskredit ist dann Ausdruck einer ungenügenden Finanzplanung, wenn versäumt wurde einen absehbaren Kapitalbedarf mit der Aufnahme bspw. eines kurzfristigen Kredites zu decken. Ein kurzfristiger Kredit ist in jedem Fall zinsgünstiger als ein Überziehungskredit. Aber keine Sorge, Ihre Bank wird Ihnen jederzeit mit einem Überziehungskredit aushelfen. Das Problem ist nur, daß sich dies zukünftig negativ auf das Unternehmens-Rating auswirkt. Ein schlechteres Rating bedeutet i. d. R. höhere Zinsen für planmäßige kurz- oder langfristige Kredite.

Zu b)

Unternehmen 1

Die Finanzierungsentscheidungen von Unternehmen 1 liefen auf die Aufnahme eines kurzfristigen Kredits in Höhe von 6,5 Mio. € hinaus. Diese Entscheidung war überaus gut, denn die Zahlungsfähigkeit war gesichert und die Kasse überschreitet den Mindest-Kassenbestand in Höhe von 100.000 € nur um 740.000 €. Im Rahmen einer vorsichtigen Unternehmensplanung und aufgrund der Unsicherheiten bei der Absatzplanung ist eine solche Finanzreserve akzeptabel.

Unternehmen 2

Es wurde ein kurzfristiger Kredit in Höhe von 13,84 Mio. € aufgenommen. Damit konnte der Kapitalbedarf zur Sicherstellung der Zahlungsfähigkeit allerdings nicht gedeckt werden. Die Bank mußte daher die Lücke in der Finanzierung durch einen Überziehungskredit ausgleichen.

Häufig liegt die Ursache für diesen Fehler nicht in der Finanzplanung, sondern in einer zu optimistischen Absatzplanung. Durch das Ausbleiben geplanter Einzahlungen aus den Umsatzerlösen entsteht dann die Finanzierungslücke. Bei Unternehmen 2 liegt es aufgrund des hohen Lagerbestandes bei den Fertigerzeugnissen in Höhe von 14,55 Mio. € nahe, daß die hohen Absatzerwartungen nicht realisiert werden konnten.

Unternehmen 3

Mit der Aufnahme eines kurzfristigen Kredits in Höhe von 51,25 Mio. € gelang nahezu eine Punktlandung für die Sicherstellung der Zahlungsfähigkeit. Der Kassenbestand überschreitet in Höhe von 0,09 Mio. € den Mindest-Kassenbestand.

Aufgrund der Kurzfristigkeit der aufgenommenen Mittel ist die Finanzierung flexibel, weil der Kredit bereits in der nächsten Periode wieder abgebaut werden kann. Der Nachteil liegt allerdings in den höheren Zinsen gegenüber einer langfristigen Kreditaufnahme. Insofern sollte man im Rahmen zukünftiger Finanzierungsentscheidungen darüber nachdenken, langfristige Anlagefinanzierungen zu einem Teil auch langfristig zu finanzieren.

Unternehmen 4

Das Unternehmen nahm 86,69 Mio. € an Krediten auf und teilte dieses Volumen in 30 Mio. € langfristige und 56,69 Mio. € in kurzfristige Mittel auf. Diese Aufteilung überzeugt mit Blick auf die Kosten und die Flexibilität von Finanzierungen.

Der Kassenbestand weist mit 2,03 Mio. € eine Liquiditätsreserve oberhalb des Mindest-Kassenbestands auf. Mit Blick auf den gesamten Finanzierungsbedarf, insbesondere ausgelöst durch hohe Investitionen in Maschinen und Betriebsausstattung, ist eine solche Reserve akzeptabel. Grundlegend jedoch wäre ein entsprechend geringerer Kredit notwendig gewesen.

Unternehmen 5
Hier stellt sich die Lage ähnlich wie bei Unternehmen 2 dar. Die aufgenommenen Finanzmittel reichten nicht aus, um die Zahlungsfähigkeit sicherzustellen. Die Bank mußte mit den bereits angesprochenen Nachteilen einen Überziehungskredit in Höhe von 16,01 Mio. € bereitstellen.

Die Situation stellt sich jedoch noch etwas schlechter als bei Unternehmen 2 dar. Der Überziehungskredit ist höher. Der Grund dürfte hier auch in den zu hohen Absatzerwartungen gelegen haben. Erkennbar ist dies an dem hohen Lagerbestand an Fertigerzeugnissen.

Zu c)
Das Unternehmen 3 hat das Finanzierungsvolumen am besten eingeschätzt. Die Liquiditätsreserve in der Kasse beträgt hier lediglich 0,09 Mio. €. Da wenig überschüssige Mittel aufgenommen wurden, liegt eine hohe Effizienz in der Höhe der Finanzierungsentscheidung vor.

Das Unternehmen 4 hat zwar eine höhere (im Rückblick unnötige) Finanzmittelreserve, weist aber eine kostengünstigere Struktur der aufgenommenen Mittel auf, weil die langfristigen Mittel mit 7,5 % günstiger sind als die kurzfristigen Kredite mit 9,5 %. Insofern ist die Struktur der Mittelherkunft von Unternehmen 4 ebenfalls sehr effizient.

Zu d)
Bei keinem der fünf Unternehmen macht der Kauf von Wertpapieren Sinn, weil alle Unternehmen in dieser Periode einen Kapitalbedarf aufweisen, der durch die Aufnahme von Fremdkapital zu decken war.

Der Kauf von Wertpapieren hätte damit nur durch weitere Fremdkapitalaufnahme realisiert werden können. Die Rendite für die Wertpapiere liegt nach den Angaben in den Wirtschaftsnachrichten allerdings bei nur 5,5 %, während die Finanzierungskosten dafür bei 7,5 % für langfristige bzw. bei 9,5 % für kurzfristige Kredite liegen.

Der Kauf von Wertpapieren macht nur Sinn, wenn überschüssige Finanzmittel in der Kasse liegen, die:

- nicht für Investitionen benötigt werden,
- nicht zur Kreditreduzierung verwendet werden können oder
- die nicht zur Dividendenausschüttung genutzt werden können.

4. Literaturempfehlung

Burchert, Heiko; Jürgen Schneider und Michael Vorfeld (2017): Investition und Finanzierung. Klausuren, Aufgaben und Lösungen, 3. Auflage. Berlin/Boston, S. 18–25.

TOPSIM (2019b): TOPSIM – General Management. Teilnehmerhandbuch Einführung. Version 15.3 Pro Szenario. Tübingen. Herunterladbar von: https://cloud.topsim.com/index.php?id=9#handbooks, S. 22–27.

Wöhe, Günter; Ulrich Döring und Gerrit Brösel (2020): Einführung in die Allgemeine Betriebswirtschaftslehre, 27. Auflage. München, S. 463–625.

Aufgabe 2: Finanzierungsanalyse mittels Cash-flow-Rechnungen

1. Bereitgestellte Daten und Berichte

Ihnen liegt folgender Jahresabschluß, incl. Ergebnisverwendung vor:

AKTIVA (MEUR)	Aktuelle Periode	Vorperiode	PASSIVA (MEUR)	Aktuelle Periode	Vorperiode
Anlagevermögen	**111,07**	**122,63**	**Eigenkapital**	**69,44**	**57,79**
Grundstücke und Bauten	15,00	16,00	Gezeichnetes Kapital	15,00	15,00
Maschinen und Betriebsaustattung	96,07	106,63	Kapitalrücklage	2,50	2,50
Umlaufvermögen	**58,15**	**45,38**	Gewinnrücklage	6,50	6,50
Materialien	4,73	5,17	Gewinn-/ Verlustvortrag	25,79	24,40
Fertige Erzeugnisse	9,28	1,33	Periodenüberschuss/ -fehlbetrag	19,65	9,39
Forderungen aus L & L	44,04	36,74	**Pensionsrückstellungen**	**26,19**	**23,53**
Wertpapiere	0,00	0,00	Pensionsrückstellungen	26,19	23,53
Kassenbestand	0,10	2,13	**Verbindlichkeiten**	**73,58**	**86,69**
			Restlaufzeit über 10 Perioden	30,00	30,00
			Restlaufzeit unter 1 Periode	38,00	56,69
			Überziehungskredit	5,58	0,00
Bilanzsumme	**169,21**	**168,01**	**Bilanzsumme**	**169,21**	**168,01**

Abb. 2.27: Bilanz eines Unternehmens

GESAMTKOSTENVERFAHREN		UMSATZKOSTENVERFAHREN	
	MEUR		MEUR
Umsatzerlöse	**222,68**	**Umsatzerlöse**	**222,68**
+ Sonstige Erträge	0,00	+ Sonstige Erträge	0,00
+ Erhöhung / Verminderung des Bestandes an Fertigerzeugnissen	-13,80	- Umsatzkosten	130,57
- Materialaufwand	26,42	- F&E	13,65
- Personalaufwand	-	- Vertrieb	31,68
- Löhne/Gehälter	53,31	- Verwaltung	14,64
- Einstell.- / Entlassungskosten	1,12	- Sonstiger Aufwand	0,00
- Pensionsrückstellungen	2,67		
- Sonstige Personalkosten	24,54		
- Abschreibungen	13,57		
- Sonstiger Aufwand	55,14		
= Betriebsergebnis	**32,13**	**= Betriebsergebnis**	**32,13**

PERIODENÜBERSCHUSS/ -FEHLBETRAG	
	MEUR
+ Erträge aus Wertpapieren	0,00
- Zinsen für kurz- und langfristige Kredite	5,18
- Zinsen für Überziehungskredit	0,75
= Finanzergebnis	**-5,93**
= Gewinn vor Steuern	**26,20**
- Steuern auf Einkommen und Ertrag	6,55
= Periodenüberschuss/ -fehlbetrag	**19,65**

ERGEBNISVERWENDUNG	
	MEUR
Gewinn- / Verlustvortrag der Vorperiode	33,79
- Ausschüttung Dividende aktuelle Periode	8,00
= Verbleibender Gewinn- / Verlustvortrag	**25,79**
+ Periodenüberschuss/ -fehlbetrag	19,65
= Gewinn- / Verlustvortrag	**45,44**

Abb. 2.28: Gewinn- und Verlustrechnung eines Unternehmens

2. Aufgabenstellungen

a) Wozu eigentlich benötigt man im Planspiel General Management die Cashflow-Rechnungen?

b) Ermitteln Sie den traditionellen und den operativen Cash flow der Berichtsperiode. (10 Punkte)

c) Ermitteln Sie den Cash flow aus der Investitionstätigkeit. (8 Punkte)

d) Ermitteln Sie den Cash flow aus der Finanzierungstätigkeit. (8 Punkte)
e) Leiten Sie die Veränderung der liquiden Mittel, also des Kassenbestandes, über die Cash flows aus den Aufgaben b) bis d) her. (4 Punkte)
f) Welcher Cash flow läßt sich im Rahmen einer Unternehmensplanung aufgrund der Ungewißheit nicht genau bestimmen? (5 Punkte)

3. Lösungen

Zu a)

Grundsätzlich werden die Cash-flow-Rechnungen genutzt, um eine optimale Finanzplanung durchzuführen. Endpunkt der Cash-flow-Rechnungen und damit der Ausgangspunkte der anstehenden Finanzplanungen ist der Kassenbestand der zu planenden Periode.

Sollte sich bspw. ein Kapitalbedarf (Fehlbetrag in der Kasse) ergeben, wäre durch eine Kreditaufnahme dem Unternehmen ein Kredit zuzuführen. Dies würde dann die Bereitstellung bzw. Nutzung eines Überziehungskredites vermeiden. Liegt indes ein Kassenbestand vor, können über Entnahmen bspw. zum Erwerb von Wertpapieren die Überliquidität minimiert und über diese Form der kurzfristigen Anlage von liquiden Mitteln noch ein – wenn auch nur geringer – Zinsertrag erwirtschaftet werden.

Das zu wählende Vorgehen bei den Cash-flow-Rechnungen wird aus den Rechnungen in den Aufgaben b) bis e) ersichtlich. Als Alternative dazu steht den Nutzern des Planspiels General Management die sogenannte Planungshilfe zur Verfügung. Dort findet sich in den KPI's stets der auf Grund einer Simulation Ihrer geplanten Daten ergebenden Kassenbestand. Den Berechnungen liegen die gleichen Rechnungen zugrunde. Im Unterschied in den von Ihnen selbst durchzuführenden Rechnungen werden die Rechnungen im Rahmen eines Simulationslaufes aufwandsseitig mit 50.000 Euro verbucht.

Zu b)

Der traditionelle und der operative Cash flow ergeben sich aus den folgenden Rechnungen:

Jahresüberschuß	19,65 Mio. €
+ Abschreibungen	+ 13,57 Mio. €
+ Zuführung Pensionsrückstellungen	+ 2,67 Mio. €
= traditioneller Cash flow	+ 35,89 Mio. €

+ Abbau Vorräte Material	+ 0,44 Mio. €
– Erhöhung Vorräte Fertigerzeugnisse	– 7,95 Mio. €
– Erhöhung Forderungen auf L&L	– 7,30 Mio. €
= operativer Cash flow	+ 21,08 Mio. €

Zu c)

Um den Cash flow aus der Investitionstätigkeit berechnen zu können, wird zunächst der Endbestand des Anlagevermögens zum Ende der Planungsperiode benötigt. Davon wird zunächst der Anfangsbestand des Anlagevermögens abgezogen und das Volumen an Abschreibungen hinzugerechnet. Insofern das Ergebnis ein positiver Wert ist, entspricht das negative Pendant dieses Wertes dem Cash flow aus der Investitionstätigkeit.

$$\text{Anlagevermögen}_{AB} - \text{Abschreibungen}_{AV} + \text{Investitionen}_{AV} = \text{Anlagevermögen}_{EB}\ {}^{9}$$

$$\text{Investitionen}_{AV} = \text{Anlagevermögen}_{EB} - \text{Anlagevermögen}_{AB} + \text{Abschreibungen}_{AV}$$

$$\text{Investitionen}_{AV} = 111{,}07 \text{ Mio. } € - 122{,}63 \text{ Mio. } € + 13{,}57 \text{ Mio. } €$$

$$\text{Investitionen}_{AV} = 2{,}0 \text{ Mio. } €.$$

Damit beträgt der Cash flow aus der Investitionstätigkeit –2,0 Mio. €.

Zu d)

Die Rechnung zur Ermittlung des Cash flow aus der Finanzierungstätigkeit hat folgendes Aussehen:

Kapitalerhöhung	0,00 Mio. €
– Dividendenzahlung aktuelle Periode	– 8,00 Mio. €
+/– Verkauf/Kauf Wertpapiere	0,00 Mio. €
– Abbau Bankverbindlichkeiten	– 13,11 Mio. €
= Cash flow aus der Finanzierungstätigkeit	– 21,11 Mio. €

---

9 Legende:

AV   Anlagevermögen

AB   Anfangsbestand

EB   Endbestand

Zu e)

Kassenbestand (Vorperiode)	2,13 Mio. €
+ operativer Cash-Flow	+ 21,08 Mio. €
– Cash flow aus Investitionstätigkeit	– 2,00 Mio. €
– Cash flow aus Finanzierungstätigkeit	– 21,11 Mio. €
= Kassenbestand (aktuelle Periode)	0,10 Mio. €

Zu f)

Der operative Cash flow hängt vom Eintreten der Absatzerwartungen (Umsatz) ab. Sind die Erwartungen beispielsweise höher als der tatsächlich erzielte Umsatz, bricht der Gewinn ein und die Lagerbestände erhöhen sich. Insofern hängt die Planung des operativen Cash flows von der Güte der Absatzplanung ab.

Der Cash flow aus der Investitionstätigkeit hängt allein von den eigenen Entscheidungen im Rahmen der Anschaffung von Maschinen und Umweltanlagen ab. Hier entstehen keine Unsicherheiten.

Der geplante Cash flow aus der Finanzierungstätigkeit bildet sich aus dem Kassenanfangsbestand, dem operativen Cash flow, dem Cash flow aus der Investitionstätigkeit und dem angestrebten Kassenendbestand. Eine Lücke aufgrund der Fehlplanung im operativen Cash flow wird im Cash flow aus der Finanzierungstätigkeit durch einen Überziehungskredit ausgeglichen. Fällt der tatsächliche höher aus als der geplante operative Cash flow, erhöhen die überschüssigen Mittel den Kassenbestand.

4. Literaturempfehlung

Burchert, Heiko; Jürgen Schneider und Michael Vorfeld (2017): Investition und Finanzierung. Klausuren, Aufgaben und Lösungen, 3. Auflage. Berlin/Boston, S. 60–64.

TOPSIM (2019b): TOPSIM – General Management. Teilnehmerhandbuch Einführung. Version 15.3 Pro Szenario. Tübingen. Herunterladbar von: https://cloud.topsim.com/index.php?id=9#handbooks, S. 26–27.

Wöhe, Günter; Ulrich Döring und Gerrit Brösel (2020): Einführung in die Allgemeine Betriebswirtschaftslehre, 27. Auflage. München, S. 524–526 sowie S. 639–641.

Aufgabe 3: Finanzanalyse

1. Bereitgestellte Daten und Berichte

Zur Bearbeitung der Aufgaben stehen Ihnen folgende Berichte zur Verfügung:

1) Bilanz

AKTIVA (MEUR)	Aktuelle Periode	Vorperiode	PASSIVA (MEUR)	Aktuelle Periode	Vorperiode
Anlagevermögen	43,35	49,00	**Eigenkapital**	84,30	66,52
Grundstücke und Bauten	16,00	17,00	Gezeichnetes Kapital	15,00	15,00
Maschinen und Betriebsaustattung	27,35	32,00	Kapitalrücklage	2,50	2,50
Umlaufvermögen	63,48	45,84	Gewinnrücklage	6,50	6,50
Materialien	4,63	4,40	Gewinn-/ Verlustvortrag	38,52	28,58
Fertige Erzeugnisse	4,28	7,13	Periodenüberschuss/ -fehlbetrag	21,77	13,94
Forderungen aus L & L	37,65	34,21	**Pensionsrückstellungen**	22,53	20,17
Wertpapiere	5,00	0,00	Pensionsrückstellungen	22,53	20,17
Kassenbestand	11,92	0,10	**Verbindlichkeiten**	0,00	8,15
			Restlaufzeit über 10 Perioden	0,00	0,00
			Restlaufzeit unter 1 Periode	0,00	0,00
			Überziehungskredit	0,00	8,15
Bilanzsumme	106,83	94,84	Bilanzsumme	106,83	94,84

Abb. 2.29: Bilanz eines Unternehmens

2) Finanzergebnis der Gewinn- und Verlustrechnung

	MEUR
+ Erträge aus Wertpapieren	0,28
- Zinsen für kurz- und langfristige Kredite	0,00
- Zinsen für Überziehungskredit	0,00
= Finanzergebnis	0,28

Abb. 2.30: Berechnung des Finanzergebnisses

3) Wertorientierte Kennzahlen

Gewichteter Durchschnittlicher Kapitalkostensatz (WACC)	%	9,2
Net Operating Profit after Tax (NOPAT)	MEUR	21,61
Traditioneller Cashflow (CF)	MEUR	31,28
Net Capital Employed (NCE)	MEUR	106,83
Return on Net Capital Employed (NOPAT / NCE)	%	20,2

Abb. 2.31: Auszug aus den wertorientierten Kennzahlen

4) Auszug aus den Wirtschaftsnachrichten:

Tab. 2.20: Aktuelle Zinsübersicht der Kredite aus der Periode 4

Art des Kredites	Aktueller Zinssatz
Kurzfristiger Kredit	9,5 %
Langfristiger Kredit	7,5 %
Überziehungskredit	14,5 %

5) Auszug aus weiteren Unternehmenskennzahlen

Änderung Fremdkapitalzins

	Stufe	AAA
Kreditrating Aktuelle Periode	Stufe	AAA
Kreditrating Vorperiode	Stufe	AA
Änderung Fremdkapitalzins Aktuelle Periode (*)	+/- %	-3,00

(*) Wird durch das Kreditrating der Vorperiode bestimmt

Abb. 2.32: Finanzierungsbezogene Unternehmenskennzahlen

6) Auszug aus den Entscheidungsprotokollen der letzten vier Perioden:

Fertigungsanlagen

		P 0	P 1	P 2	P 3	P 4
Investition (Anz. neue Anlagen)	Typ A	0	0	0	0	0
Investition (Anz. neue Anlagen)	Typ B	0	0	1	0	0
Investition (Anz. neue Anlagen)	Typ C	0	0	0	0	3
Desinvestitionen	Anlage Nr.			1		

Abb. 2.33: Übersicht über bisherige Investitions- und Desinvestitionsentscheidungen

7) Auszug aus dem Executive Summary

		P 4	P 3	P 2	P 1
Absatz gesamt COPY Classic	Stück	64.603	55.218	61.392	45.608
Umsatz Gesamt COPY Classic	MEUR	206,79	175,65	195,79	146,03

Copy Classic | Markt 1

		P 4	P 3	P 2	P 1
Absatz	Stück	50.893	45.909	51.127	41.608
Geplanter Absatz	Stück	47.000	50.000	46.000	43.000
Umsatz	MEUR	167,95	150,58	167,70	135,23
Marktanteil	%	14,91	14,43	15,42	13,78

Copy Classic | Markt 2

		P 4	P 3	P 2	P 1
Absatz	Stück	6.710	7.309	1.265	0
Geplanter Absatz	Stück	9.000	7.000	4.500	0
Umsatz	MEUR	20,29	20,47	3,80	0,00
Marktanteil	%	16,53	18,67	4,40	0,00

Großabnehmer | COPY Classic

		P 4	P 3	P 2	P 1
Absatz	Stück	7.000	2.000	9.000	4.000
Umsatz	MEUR	18,55	4,60	24,30	10,80

Abb. 2.34: Daten aus dem Executive Summary

2. Aufgabenstellungen

a) In der Periode 4 waren erstmals Entscheidungen im Finanzbereich zu treffen. Welche Entscheidungen traf die Geschäftsleitung? (5 Punkte)

Tab. 2.21: Art und Umfang der Finanzierungsentscheidungen in der Periode 4 (leer)

Finanzentscheidung	Umfang
Erwerb eines kurzfristigen Kredites	Mio. €
Erwerb eines langfristigen Kredites	Mio. €
Kauf von Wertpapieren	Mio. €
Zahlung einer Dividende	Mio. €

b) Welche Rendite erwirtschafteten die Wertpapiere? (5 Punkte)
c) Beurteilen Sie die Entscheidung zum Kauf der Wertpapiere. (10 Punkte)
d) Zu welchen Zinssätzen könnte das Unternehmen in Periode 4 lang- und kurzfristige Kredite aufnehmen? (4 Punkte)
e) Mit welcher(n) Maßnahme(n) ließen sich die gewichteten durchschnittlichen Kapitalkosten (WACC) senken? (6 Punkte)
f) Berechnen Sie die Liquiditätsgrade 1 bis 3. (3 Punkte)
g) Treffen Sie eine Aussage zur Liquiditätslage des Unternehmens. (5 Punkte)
h) Erläutern Sie die Ursache(n), die zu dieser Liquiditätslage geführt haben. (7 Punkte)

3. Lösungen

Zu a)

Tab. 2.22: Art und Umfang der Finanzierungsentscheidungen in der Periode 4 (gefüllt)

Finanzentscheidung	Umfang
Erwerb eines kurzfristigen Kredites	0 Mio. €
Erwerb eines langfristigen Kredites	0 Mio. €
Kauf von Wertpapieren	5 Mio. €
Zahlung einer Dividende	4 Mio. €

Die Kreditaufnahmen lassen sich aus der Bilanz über die Veränderungen gegenüber der Vorperiode berechnen. Der Überziehungskredit wird bei finanziellen Engpässen durch die Bank automatisch gewährt bzw. bei entsprechendem Kassenbestand zurückgeführt. Er gehört damit nicht zu den Finanzentscheidungen.

Der Kauf der Wertpapiere ist über die Aktivseite der Bilanz ersichtlich und beträgt im vorliegenden Fall 5 Mio. €.

Die Dividendenzahlung der aktuellen Periode läßt sich über die Veränderung des Gewinnvortrages unter Einbeziehung des Periodenerfolgs der Vorperiode wie folgt berechnen:

Gewinnvortrag der Vorperiode:	28,58 Mio. €
+ Periodenüberschuß der Vorperiode	13,94 Mio. €
– Dividende	? Mio. €
= Gewinnvortrag der aktuellen Periode	38,52 Mio. €

Eine Dividendenzahlung ist in Höhe von 4 Mio. € erfolgt.

Zu b)

Die Rendite der Wertpapiere lag bei rechnerischen 5,6 %. Dieser Wert ergibt sich aus der Gegenüberstellung der Wertpapiererträge in Höhe von 280.000 € (siehe Finanzergebnis der Gewinn- und Verlustrechnung) und dem Kaufpreis der Wertpapiere in Höhe von 5 Mio. €.

Den Wirtschaftsnachrichten zur Folge sollten die Wertpapiere eine Rendite von 5,5 % aufweisen. Diese Rendite entspräche einem Ertrag von 275.000 €. Die Erträge in der Gewinn- und Verlustrechnung sind demnach auf 280.000 € aufgerundet.

Zu c)

Der Kauf von Wertpapieren ist sinnvoll, wenn anderweitige Mittelabfluß-Möglichkeiten zur Verringerung des Kassenbestandes erschöpft sind. Die Begründung dafür liegt in den Kapitalkosten (WACC), die aktuell bei 9,2 % liegen, vgl. den gegebenen Bericht zu den Wertorientierten Kennzahlen. Die Wertpapiere bringen, wie in Aufgabe b) berechnet, aber nur 5,5 % bzw. 5,6 %.

Als weitere Mittelabfluß-Möglichkeiten kommen im Planspiel in Frage:
- Ausschüttung von Dividenden,
- Kredittilgungen oder
- Investitionen.

Das Unternehmen schüttet aktuell eine Dividende in Höhe von 4 Mio. € aus. Man sollte insofern mit Blick auf die Kapitalkosten in Höhe von 9,2 % besser zusätzliche Ausschüttungen vornehmen, da die Wertpapieranlage nur mit einer Rendite von 5,5 % arbeitet.

Der Überziehungskredit wurde automatisch getilgt. Weitere Tilgungen sind nicht möglich, weil in der Vorperiode keine Kredite aufgenommen wurden.

Der Auszug aus dem Entscheidungsprotokoll zeigt an, daß in der Periode 4 drei Maschinen vom Typ C angeschafft wurden. Beim Maschinentyp C handelt es sich um die gleichen Maschinen wie beim Typ B, nur wird dieser Typ anders als bei B geleast und nicht gekauft. Man hätte hier statt der Wertpapieranlage Anlagen unter Hinzuziehung von weiterem Fremdkapital kaufen können, zumal die Kreditzinsen durch das gute Rating des Unternehmens (aktuell bei – 3 %, vgl. den vorliegenden Bericht zu den finanzierungsbezogenen Unternehmenskennzahlen) deutlich unterhalb der angegebenen Markzinsen liegen.

Fazit: Der Wertpapierkauf ist mit Hinblick auf die renditelose Bindung der Mittel im Kassenbestand eine Möglichkeit einen Mittelabfluß zu generieren. Es hätte aber, wie oben gezeigt, bessere Mittelabfluß-Alternativen gegeben.

Zu d)
Die in den Wirtschaftsnachrichten angegebenen Zinssätze beziehen sich auf ein Rating im mittleren Bereich (BB).

Tab. 2.23: Ratingwerte und Zinswirkung (Quelle: Vgl. TOPSIM (2019), S. 24.)

Rating	Zinsänderung
AAA	− 4,0 %
AA	− 3,0 %
A	− 2,0 %
BBB	− 1,0 %
BB	± 0,0 %
B	+ 1,0 %
CCC	+ 2,0 %
CC	+ 3,0 %
C	+ 4,0 %
D	+ 5,0 %

Die unternehmensindividuellen Zinsen hängen vom Rating der Vorperiode ab. Dort erreichte das Unternehmen ein AA-Rating. Damit liegen die Zinsen 3 % unterhalb der in der Wirtschaftsprognose angegebenen Werte. Für langfristige Kredite wären demnach 4,5 % zu zahlen. Für kurzfristige Kredite ist ein Zins in Höhe von 6,5 % zu entrichten. In der nächsten Periode ist aufgrund des aktuell noch besseren Ratings (AAA) mit noch günstigeren Konditionen zu rechnen.

Zu e)
Zur Verdeutlichung einfacher Zusammenhänge kann hier auf die reduzierte Darstellung des WACC (Weighted Average Cost of Capital) ohne Betafaktoren und ohne Steuerwirkung zurückgegriffen werden.[10]

$$\text{WACC} = \text{EK-Kostensatz} \cdot \frac{\text{EK}}{\text{GK}} + \text{FK-Kostensatz} \cdot \frac{\text{FK}}{\text{GK}}$$

Das Unternehmen finanziert sich aktuell mit 84,30 Mio. € Eigenkapital und 22,53 Mio. € Fremdkapital in Form von zwangsgebildeten Pensionsrückstellungen. Diese beiden Kapitalposten erzeugen einen WACC von 9,2 %. Die augenblicklich nicht in Anspruch genommenen günstigen Kredite kosten hingegen nur 4,5 % bzw. 6,5 %, vgl. das Ergebnis der Aufgabe d).

---

10 Vgl. Wöhe/Döring/Brösel (2020), S. 516.

Insofern kann die begrenzte Hereinnahme von günstigem Fremdkapital den WACC senken. Bedenklich ist in dem betrachteten Fall, daß das Unternehmen aus seiner herausragenden Kreditwürdigkeit und dem daraus resultierenden Rating trotz bestehender Investitionsmöglichkeiten, vgl. die Ergebnisse der Aufgabe c) keinen Nutzen zieht.

Zu f)
Die Liquiditätsgrade 1 bis 3 sind unendlich groß bzw. mathematisch nicht lösbar, weil Bestände mit abnehmender Liquidierbarkeit (Zahlungsmittel, Forderungen, Vorräte) durch die kurzfristigen Verbindlichkeiten (hier in Höhe von 0) zu teilen sind.[11] Daher können keine sinnvollen Liquiditätsgrade ermittelt werden.

Zu g)
Eine gute Beurteilung der Liquiditätslage bietet sich mit Blick auf den Kassenbestand und den Bestand an Wertpapieren an. Hier verfügt das Unternehmen über insgesamt 16,92 Mio. €. Damit sind insgesamt 15,84 % der Bilanzsumme als kurzfristig liquide Mittel gebunden. Dabei erzielt der Kassenbestand in Höhe von 11,92 Mio. € keine Rendite und die Wertpapiere gemessen an den Kapitalkosten eine zu geringe Verzinsung. Insbesondere ist in dem hohen Kassenbestand eine Planungsschwäche in der Finanzierung zu sehen.

Zu h)
Die Liquiditätslage ist besonders durch den hohen Kassenbestand geprägt. Im Rahmen der Unternehmensplanung kann ein solch hoher Kassenbestand entstehen, wenn das Unternehmen weitaus mehr Produkte absetzen konnte als in der Planung erwartet. Die ungeplanten Absatzzahlen erhöhen dann den Plankassenbestand.

Im vorliegenden Fall ergibt sich aus dem Bericht Executive Summary folgende Gegenüberstellung aus Plan- und Ist-Absatz:

	Plan	Ist
Copy Classic Markt 1:	47.000	50.893
+ Copy Classic Markt 2:	9.000	6.710
+ Copy Classic Großabnehmer:	7.000	7.000
= Summe:	63.000	64.603

---

11 Vgl. Wöhe/Döring/Brösel (2020), S. 528 sowie Burchert/Schneider/Vorfeld (2017), S. 68–70.

Die Ist-Absatzmenge liegt um 2,54 % höher als die geplante Absatzmenge. Hier liegt also eine sehr gute Markeinschätzung vor. Das Unternehmen ist in der Periode 4 vollständig lieferfähig gewesen, der Lagerbestand an fertigen Kopiergeräten ist mit einem Wert von 4,28 Mio. € (vgl. die vorliegende Bilanz) überaus gut bemessen. Insofern ist die Geschäftsleitung offenbar nicht von den Ist-Werten überrascht worden. Demzufolge liegt hier auch nicht der Fall der unerwarteten Absatzmöglichkeiten als Grund für den hohen Kassenbestand vor.

Es ist eher davon auszugehen, daß die Geschäftsleitung wissentlich den hohen Kassenbestand in der Planung hingenommen hat. Ein solches Verhalten ist einerseits bei Geschäftsleitungen zu beobachten, die ihren Planabsatzzahlen nicht trauen und dafür einen hohen Puffer im Kassenbestand hinnehmen. Andererseits sind solch hohe Kassenbestände auf Unwissenheit in Fragen der Finanzierung eines Unternehmens zurückzuführen. Wir unterstellen hier mit Blick auf unsere Studierenden den ersten Fall.

4. Literaturempfehlung
Burchert, Heiko; Jürgen Schneider und Michael Vorfeld (2017): Investition und Finanzierung. Klausuren, Aufgaben und Lösungen, 3. Auflage. Berlin/Boston, S. 68–70.
TOPSIM (2019b): TOPSIM – General Management. Teilnehmerhandbuch Einführung. Version 15.3 Pro Szenario. Tübingen. Herunterladbar von: https://cloud.topsim.com/index.php?id=9#handbooks, S. 24.
Wöhe, Günter; Ulrich Döring und Gerrit Brösel (2020): Einführung in die Allgemeine Betriebswirtschaftslehre, 27. Auflage. München, S. 515–517.

2.8 Wertorientierte Unternehmensführung

Aufgabe 1: Berechnung von NOPAT und EVA

1. Bereitgestellte Daten und Berichte
Ihnen liegt zur Analyse der wertorientierten Unternehmensführung nachfolgender Jahresabschluß der Periode 4 vor:

GESAMTKOSTENVERFAHREN

	MEUR
Umsatzerlöse	181,00
+ Sonstige Erträge	0,00
+ Erhöhung / Verminderung des Bestandes an Fertigerzeugnissen	-0,94
- Materialaufwand	31,06
- Personalaufwand	-
- Löhne/Gehälter	55,12
- Einstell.- / Entlassungskosten	2,35
- Pensionsrückstellungen	2,76
- Sonstige Personalkosten	28,20
- Abschreibungen	5,25
- Sonstiger Aufwand	44,30
= Betriebsergebnis	11,02

UMSATZKOSTENVERFAHREN

	MEUR
Umsatzerlöse	181,00
+ Sonstige Erträge	0,00
- Umsatzkosten	118,19
- F&E	12,27
- Vertrieb	27,54
- Verwaltung	11,97
- Sonstiger Aufwand	0,00
= Betriebsergebnis	11,02

PERIODENÜBERSCHUSS/ -FEHLBETRAG

	MEUR
+ Erträge aus Wertpapieren	0,00
- Zinsen für kurz- und langfristige Kredite	1,18
- Zinsen für Überziehungskredit	1,46
= Finanzergebnis	-2,64
= Gewinn vor Steuern	8,39
- Steuern auf Einkommen und Ertrag	3,35
= Periodenüberschuss/ -fehlbetrag	5,03

Abb. 2.35: Gewinn- und Verlustrechnung eines Unternehmens

AKTIVA (MEUR)

	Aktuelle Periode	Vorperiode
Anlagevermögen	58,15	67,90
Grundstücke und Bauten	16,00	17,00
Maschinen und Betriebsausstattung	42,15	50,90
Umlaufvermögen	47,94	51,47
Materialien	0,79	2,65
Fertige Erzeugnisse	14,55	15,50
Forderungen aus L & L	32,49	33,22
Wertpapiere	0,00	0,00
Kassenbestand	0,10	0,10
Bilanzsumme	106,09	119,37

PASSIVA (MEUR)

	Aktuelle Periode	Vorperiode
Eigenkapital	58,33	58,30
Gezeichnetes Kapital	15,00	15,00
Kapitalrücklage	2,50	2,50
Gewinnrücklage	6,50	6,50
Gewinn-/ Verlustvortrag	29,30	24,91
Periodenüberschuss/ -fehlbetrag	5,03	9,39
Pensionsrückstellungen	23,08	20,32
Pensionsrückstellungen	23,08	20,32
Verbindlichkeiten	24,68	40,75
Restlaufzeit über 10 Perioden	0,00	0,00
Restlaufzeit unter 1 Periode	13,84	0,00
Überziehungskredit	10,84	40,75
Bilanzsumme	106,09	119,37

Abb. 2.36: Bilanz eines Unternehmens

Der gewichtete durchschnittliche Kapitalkostensatz (WACC) beträgt in dieser Periode 7,8 %.

2. Aufgabenstellungen

a) Wie hoch ist die ertragssteuerliche Belastung in Prozent in der Periode 4. Etwaige Verlustvorträge kamen nicht zur Anrechnung. (8 Punkte)

b) Berechnen Sie die Kennzahl NOPAT für die Periode 4. (8 Punkte)

c) Berechnen Sie die Kennzahl EVA in Periode 4. (8 Punkte)

d) Aus dem Lagerbericht dieser Periode erhalten Sie folgende Informationen:

Tab. 2.24: Auszüge aus einem Lagerbericht

EINSATZSTOFFE/TEILE COPY CLASSIC

	Menge		Lagerwerte
	Stück	EUR/Stück	MEUR
Lageranfangsbestand	6.627	400,00	2,65
+ Zugang von Lieferant	55.000	460,00	25,30
+ Nachlieferung	0	804,00	0,00
- Abgang an Fertigung	59.880	453,55	27,16
= Lagerendbestand	1.747	453,55	0,79

Die Lagerkosten je die Einsatzstoffe betragen 50 € je Mengeneinheit (ME). Den Wirtschaftsnachrichten waren die folgenden Angaben zum Einkauf der Einsatzstoffe zu entnehmen:

Tab. 2.25: Mengenrabatt-Staffelung gemäß der Wirtschaftsnachrichten der Periode 4

EINKAUF VON EINSATZSTOFFEN/ TEILEN FÜR COPY CLASSIC GEN. 1

		Periode 3	Periode 4
0 bis 29.999 Stück	EUR/Stück	670	670
30.000 bis 49.999 Stück	EUR/Stück	580	580
50.000 bis 69.999 Stück	EUR/Stück	480	460
ab 70.000 Stück	EUR/Stück	400	410

d1) Untersuchen Sie, wie sich ein bedarfsgerechter Einkauf auf den EVA ausgewirkt hätte. Nutzen Sie den gegebenen Kapitalkostensatz. (8 Punkte)

d2) Untersuchen Sie, wie sich die Ausnutzung der nächsthöheren Rabattstaffel auf den EVA ausgewirkt hätte. Nutzen Sie den gegebenen Kapitalkostensatz (8 Punkte)

3. Lösungen

Zu a)

Der Gewinn vor Steuern ist die Bemessungsgrundlage für die Steuern auf Einkommen und Ertrag. Dieser bemißt sich auf 8,39 Mio. €. Die Höhe der Steuerbelastung beträgt gemäß der GuV 3,35 Mio. €. Dieser Betrag entspricht bezogen auf den Gewinn vor Steuern einer prozentualen Steuerbelastung von 40 %.

Zu b)

Die Kennzahl NOPAT errechnet sich im Planspiel aus dem Betriebsergebnis und einer davon subtrahierten fiktiven Steuerlast:

Betriebsergebnis (BE) lt. GuV	11,02 Mio. €
fiktive Steuerlast (40 % auf BE)	– 4,41 Mio. €
NOPAT	6,61 Mio. €

Zu c)

Die Kennzahl EVA wird durch die Subtraktion der Kapitalkosten vom NOPAT ermittelt. Die Kapitalkosten bilden sich durch Multiplikation des Kapitalkostensatzes (WACC) mit dem aktuell eingesetzten Gesamtkapital (Net Capital Employed). Das Gesamtkapital wird im Planspiel über die Bilanzsumme ermittelt.

NOPAT	6,61 Mio. €
Kapitalkosten (7,8 % auf 106,09 Mio. €)	– 8,28 Mio. €
EVA	– 1,67 Mio. €

Ein negativer EVA macht deutlich, daß die Kapitalkosten nicht durch einen Unternehmenserfolg (NOPAT) gedeckt werden konnten. Anmerkung: Die zu berechnenden Ergebnisse lassen sich leicht im Unternehmensbericht zu den wertorientierten Kennzahlen nachvollziehen.

Zu d1)

Einfluß des Einkaufs auf den EVA: Ein bedarfsgerechter Einkauf hätte durch die Beschaffung von 53.253 Einsatzstoffen den Lagerbestand vermieden. Zudem wären die durchschnittlichen Materialkosten gesunken.

Neue durchschnittliche Materialkosten je Mengeneinheit:
$(6.627 \cdot 400 + 53.253 \cdot 460) : (6.627 + 53.253) = 453{,}36$ €/ME

Materialeinsparung ((453,55 − 453,36) · 59.880)	0,011377 Mio. €
Lagerkosteneinsparung (1.747 · 50)	0,087350 Mio. €
= Betriebsergebnisverbesserung	0,098727 Mio. €
abzgl. fiktive Steuerbelastung 40 %	0,039491 Mio. €
= NOPAT-Verbesserung	0,059236 Mio. €

Senkung der Kapitalkosten durch Wegfall des Vorratslagers	
(0,79 Mio. € · 7,8 %)	0,061620 Mio. €
EVA-Verbesserung:	**0,120856 Mio. €**

Anmerkung: Anders gerundete bzw. gerechnete Ergebnisse, die eine EVA-Verbesserung dieser Maßnahme im Bereich von ± 100.000 € hervorbringen, werden auch als richtig gewertet.

Zu d2)
Die Ausnutzung der Rabattstaffel im Einkauf hätte durch die Beschaffung von 70.000 Einsatzstoffen den Lagerbestand am Periodenende auf 16.747 Mengeneinheiten erhöht. Zudem wären auch hier die durchschnittlichen Materialkosten gesunken.

Neue durchschnittliche Materialkosten je Mengeneinheit:
(6.627 · 400 + 70.000 · 410) : (6.627 + 70.000) = 409,24 €/ME

Materialeinsparung ((453,55 − 409,24) · 59.880)	2,653283 Mio. €
Lagerkostenerhöhung ((16.747 − 1.747) · 50)	− 0,750000 Mio. €
= Betriebsergebnisverbesserung	1,903283 Mio. €
abzgl. fiktive Steuerbelastung 40 %	0,761313 Mio. €
= NOPAT-Verbesserung	1,141970 Mio. €

Erhöhung der Kapitalkosten durch Aufbau Vorratslagers	
(16.747 · 409,24 · 7,8 %)	0,534576 Mio. €
EVA-Verbesserung:	**0,607394 Mio. €**

Anmerkung: Anders gerundete bzw. gerechnete Ergebnisse, die eine EVA-Verbesserung dieser Maßnahme im Bereich von ± 100.000 € hervorbringen, werden auch als richtig gewertet.

4. Literaturempfehlung

TOPSIM (2019b): TOPSIM – General Management. Teilnehmerhandbuch Einführung. Version 15.3 Pro Szenario. Tübingen. Herunterladbar von: https://cloud.topsim.com/index.php?id=9#handbooks, S. 26–27.

Wöhe, Günter; Ulrich Döring und Gerrit Brösel (2020): Einführung in die Allgemeine Betriebswirtschaftslehre, 27. Auflage. München, S. 187–190.

Aufgabe 2: Wirkung des Leasings auf den EVA

1. Bereitgestellte Daten und Berichte

Ihnen liegen zur Bearbeitung der Aufgabe folgende Berichte aus der Periode 4 vor:

1. FERTIGUNGSANLAGEN

	Beschaff.-Periode	Beschaffungswert	Restlaufzeit	Abschreibung	Restbuchwert	Sonstige fixe Kosten	Resterlös
		MEUR	Perioden	MEUR / Periode	MEUR	MEUR	% vom Buchwert
Typ A Anlage Nr 3	-5	20,00	0	2,00	0,00	0,50	20,0
Typ A Anlage Nr 4	-4	20,00	1	2,00	2,00	0,25	20,0
Typ A Anlage Nr 5	1	20,00	6	2,00	12,00	0,30	20,0
Typ A Anlage Nr 6	2	20,00	7	2,00	14,00	0,30	20,0
Typ B Anlage Nr 7	4	32,00	14	2,13	29,87	1,00	30,0
Typ C Anlage Nr 8	4	0,00	15	0,00	0,00	6,00	0,0
Typ C Anlage Nr 9	4	0,00	15	0,00	0,00	6,00	0,0
Summe		112,00		10,13	57,87	14,35	

Abb. 2.37: Auszug aus dem Fertigungsbericht

Gewichteter Durchschnittlicher Kapitalkostensatz (WACC)	%	7,0
Net Operating Profit after Tax (NOPAT)	MEUR	11,57
Traditioneller Cashflow (CF)	MEUR	22,55
Net Capital Employed (NCE)	MEUR	116,21
Return on Net Capital Employed (NOPAT / NCE)	%	10,0
Economic Value Added (EVA = NOPAT - WACC * NCE)	MEUR	3,40

Abb. 2.38: Auszüge aus den Wertorientierten Kennzahlen des Unternehmens

2. Aufgabenstellungen

a) Untersuchen Sie die Auswirkungen auf den EVA, wenn die Geschäftsleitung die Anlagen 8 und 9 gekauft statt geleast hätte. Der anzuwendende Steuersatz liegt bei 40 %. Unterstellen Sie, daß sich der WACC nicht ändert. (15 Punkte) Hinweis: der Anlagentyp C ist von den Leistungsdaten her identisch mit dem Anlagentyp B. Es handelt sich in der Beschaffung beim Typ C lediglich um ein Leasing.

b) Im weiteren Verlauf des Planspiels fand eine Senkung des gewinnabhängigen Steuersatzes von 40 % auf 25 % statt. Untersuchen Sie die Änderungen zu a), wenn dieser gesenkte Steuersatz bereits in der aktuellen Periode zur Anwendung gekommen wäre, alle anderen Einflußgrößen aber konstant geblieben wären. (5 Punkte)

3. Lösungen

Zu a)
Kostenvergleich:

Tab. 2.26: Kostenvergleich

	Aktuelle Situation	Kauf der Anlagen 8 und 9 statt Leasing
Abschreibungen	10,13 Mio. €	14,39 Mio. €
Sonstige fixe Kosten	14,35 Mio. €	4,35 Mio. €
Summe:	24,48 Mio. €	18,74 Mio. €

Die entscheidungsrelevanten Kosten der aktuellen Situation lassen sich dem Fertigungsbericht entnehmen. Die Kosten für die Kaufvariante können an Typ B Anlage Nr. 7 ermittelt werden, da diese Anlage zeitgleich mit den beiden Anlagen vom Typ C beschafft wurden. Insofern erhöhen sich die Abschreibungen beim vollständigen Kauf um 4,26 Mio. € (2 · 2,13 Mio. €). Bei den sonstigen fixen Kosten müssen bei den geleasten Anlagen die 12 Mio. € (2 · 6 Mio. €) durch 2 Mio. € (2 · 1 Mio. €) ersetzt werden.

Daraus folgt:
- Betriebsergebnisverbesserung: 5,74 Mio. € (24,48 Mio. € – 18,74 Mio. €)
- Änderung NOPAT: + 3,444 Mio. € (Betriebsergebnis · (1 – Steuersatz))

Der Kauf erfordert aber einen höheren Kapitaleinsatz (NCE) von 59,74 Mio. €
(2 · Restbuchwert der Anlage B in Höhe von 29,87 Mio. €). Der höhere Kapitaleinsatz in Höhe von 59,74 Mio. € läßt die Kapitalkosten bei einem WACC von 7,0 %
um 4,182 Mio. € steigen.

Daraus ergibt sich folgende Wirkung auf den EVA:

Änderung EVA = Änderung NOPAT − Kapitalkostenänderung
Änderung EVA = + 3,444 Mio. € − 4,182 Mio. €= − 0,738 Mio. €

Der EVA wäre in der aktuellen Periode um 738.000 € durch den Kauf der beiden
Anlagen vom Typ C gesunken.

Zu b)
- Änderung NOPAT: 4,305 Mio. € (5,74 · (1 − 0,25))
- Änderung EVA = + 4,305 Mio. € − 4,182 Mio. € = + 0,123 Mio. €

Da sich der gesenkte Steuersatz nach den Annahmen dieser Aufgabe nur bei der
Berechnung des NOPAT bemerkbar macht, ist die Rechnung bei gleich hohen Kapitalkosten einfach durchzuführen.

Eine Senkung des Steuersatzes auf 25 % kehrt somit die Aussage aus Aufgabenteil a) um. Jetzt ist der Kauf besser als das Leasing. In den Folgeperioden wird
dieser Effekt zunehmen, da durch die Abschreibungen eine immer geringere Kapitalbindung der gekauften Anlagen erfolgt und somit die Kapitalkosten eine abnehmende Tendenz aufweisen.

4. Literaturempfehlung
Burchert, Heiko; Jürgen Schneider und Michael Vorfeld (2017): Investition und Finanzierung.
    Klausuren, Aufgaben und Lösungen, 3. Auflage. Berlin/Boston, S. 83–90.
TOPSIM (2019b): TOPSIM – General Management. Teilnehmerhandbuch Einführung. Version
    15.3 Pro Szenario. Tübingen. Herunterladbar von: https://cloud.topsim.com/index.php?
    id=9#handbooks, S. 24.
Wöhe, Günter; Ulrich Döring und Gerrit Brösel (2020): Einführung in die Allgemeine Betriebswirtschaftslehre, 27. Auflage. München, S. 187–190 sowie 475–476.

Aufgabe 3: Wirkung des Einkaufs auf den EVA

1. Bereitgestellte Daten und Berichte

Ihnen liegen zur Bearbeitung der Aufgabe folgende Berichte aus der Periode 2 vor:

1)   Lagerbericht:

Einsatzstoffe/Teile COPY Classic

	Menge		Lagerwerte
	Stück	EUR/Stück	MEUR
Lageranfangsbestand	0	600,00	0,00
+ Zugang von Lieferant	59.000	450,00	26,55
+ Nachlieferung	0	780,00	0,00
- Abgang an Fertigung	59.000	450,00	26,55
= Lagerendbestand	0	450,00	0,00

Abb. 2.39: Auszug aus dem Lagerbericht

2)   Gewinn- und Verlustrechnung:

GESAMTKOSTENVERFAHREN	MEUR	UMSATZKOSTENVERFAHREN	MEUR
Umsatzerlöse	195,79	**Umsatzerlöse**	195,79
+ Sonstige Erträge	0,00	+ Sonstige Erträge	0,00
+ Erhöhung / Verminderung des Bestandes an Fertigerzeugnissen	-5,00	- Umsatzkosten	126,28
- Materialaufwand	30,39	- F&E	13,23
- Personalaufwand	-	- Vertrieb	25,28
- Löhne/Gehälter	66,23	- Verwaltung	11,65
- Einstell.- / Entlassungskosten	3,96	- Sonstiger Aufwand	0,00
- Pensionsrückstellungen	3,31		
- Sonstige Personalkosten	26,49		
- Abschreibungen	8,50		
- Sonstiger Aufwand	32,56		
= Betriebsergebnis	19,35	= Betriebsergebnis	19,35

PERIODENÜBERSCHUSS/ -FEHLBETRAG

	MEUR
+ Erträge aus Wertpapieren	0,00
- Zinsen für kurz- und langfristige Kredite	0,00
- Zinsen für Überziehungskredit	1,44
= Finanzergebnis	-1,44
= Gewinn vor Steuern	17,91
- Steuern auf Einkommen und Ertrag	7,16
= Periodenüberschuss/ -fehlbetrag	10,75

Abb. 2.40: Gewinn- und Verlustrechnung

3) Wirtschaftsnachrichten der Periode 2:

❯ Einkauf

Aufgrund der gestiegenen Kosten für Rohstoffe ist Ihr Lieferant nicht mehr bereit, die bisherigen Konditionen für Just-in-time-Lieferungen aufrecht zu erhalten. Im Gegenzug erklärt er sich aber bereit, Ihnen bei Abnahme größerer Mengen deutlich günstigere Konditionen einzuräumen:

MENGE	EUR/STÜCK
0 bis 29.999 Stück	650
30.000 bis 49.999 Stück	550
50.000 bis 69.999 Stück	450
ab 70.000 Stück	400

Zur Produktion eines Kopiergerätes „COPY Classic" muss eine Mengeneinheit „Einsatzstofe/Teile" eingesetzt werden. Die in einer Periode bestellten Einsatzstoffe/Teile sind bereits am Anfang derselben Periode für die Fertigung verfügbar. Werden in einer Periode zu wenig Einsatzstoffe/Teile bestellt, so wird der Fehlbestand automatisch durch Sondermaßnahmen wie Luftfracht ausgeglichen. Für jedes nachgelieferte Stück fällt ein Sonderpreis von 780 EUR pro Stück an. Werden in einer Periode nicht alle Einsatzstoffe/Teile verbraucht, so entstehen Lagerkosten in Höhe von 50 EUR je Stück Endbestand.

Abb. 2.41: Auszug aus den Wirtschaftsnachrichten der Periode 2

Zudem wissen Sie aus den wertorientierten Kennzahlen, daß der WACC 8,4 % beträgt und das Net Capital Employed (NCE) eine Höhe von 90,4 Mio. € aufweist.

2. Aufgabenstellungen

a) Ermitteln Sie den aktuellen EVA nach den Angaben in obigen Berichten. Das Unternehmen hat keine Verlustvorträge bei der Steuerermittlung angesetzt. (8 Punkte)

b) Optimieren Sie den Einkauf mit Blick auf den EVA. Berechnen Sie dabei auch die Veränderung des EVA durch Ihre vorgeschlagene Maßnahme. Etwaige Lagerkosten betragen 50 € pro Mengeneinheit (ME) Einsatzstoffe. (12 Punkte)

3. Lösungen

Zu a)

Der EVA ergibt sich aus dem NOPAT abzüglich der Kapitalkosten. Die Kennzahl NOPAT errechnet sich aus dem Betriebsergebnis abzüglich einer gewinnabhängigen Steuer auf das Betriebsergebnis. Da der Steuersatz nicht gegeben ist, muß er über die Gewinn- und Verlustrechnung ermittelt werden.

Der Gewinn vor Steuern beträgt 17,91 Mio. €, die darauf gezahlten Steuern belaufen sich auf 7,16 Mio. € und stellen daher eine steuerliche Belastung von 40 % dar.

Berechnung des NOPAT:

Betriebsergebnis:	19,35 Mio. €	(Quelle: GuV)
– wertorientierte Steuer:	7,74 Mio. €	(40 % von 19,35 Mio. €)
= NOPAT	11,61 Mio. €	

Berechnung der Kapitalkosten:
Die Berechnung der Kapitalkosten erfolgt über das eingesetzte Kapital (NCE) und dem Kapitalkostensatz (WACC).

$$\text{Kapitalkosten} = 90,40 \text{ Mio. €} \cdot 8,4\% = 7,59 \text{ Mio. €}$$

Berechnung EVA:

$$\text{EVA} = \text{NOPAT} - \text{Kapitalkosten}$$
$$\text{EVA} = 11,61 \text{ Mio. €} - 7,59 \text{ Mio. €} = 4,02 \text{ Mio. €}$$

Zu b)
Die aktuellen Kosten der bedarfsgerechten Einkaufsmenge von 59.000 ME Einsatzstoffe belaufen sich laut Lagerbericht auf 26,55 Mio. €. Alternativ zum bedarfsgerechten Einkauf hätte die Geschäftsleitung die Rabattstaffel in Höhe von 70.000 ME zu 400 € je ME nutzen können. Diese Beschaffungsalternative generiert folgende Kosten:

Materialkosten:	23,60 Mio. €	(59.000 ME · 400 €/ME)
+ Lagerkosten:	0,55 Mio. €	(11.000 ME · 50 €/ME)
= Summe:	24,15 Mio. €	

Die Betriebsergebnisverbesserung gegenüber dem bedarfsgerechten Einkauf liegt bei 2,4 Mio. € (26,55 Mio. € – 24,15 Mio. €).

Änderung NOPAT:

Änderung Betriebsergebnis:	+ 2,40 Mio. €	
– wertorientierte Steuer	– 0,96 Mio. €	(40 % von 2,40 Mio. €)
= Änderung NOPAT:	+ 1,44 Mio. €	

Änderung Kapitalkosten:

Änderung NCE:	+ 4,40 Mio. €	(11.000 ME · 400 €/ME)
Änderung Kapitalkosten:	+ 0,37 Mio. €	(4,40 Mio. € · 8,4 %)

Änderung EVA:

Änderung EVA = Änderung NOPAT – Änderung Kapitalkosten
Änderung EVA = + 1,44 Mio. € – 0,37 Mio. € = 1,07 Mio. €

Durch den Einkauf von 70.000 ME wäre eine Steigerung des EVA um 1,07 Mio. € möglich gewesen. Der Betrag entspricht einem Wachstum gegenüber dem aktuellen Wert von 26,6 %.

4. Literaturempfehlung

TOPSIM (2019b): TOPSIM – General Management. Teilnehmerhandbuch Einführung. Version 15.3 Pro Szenario. Tübingen. Herunterladbar von: https://cloud.topsim.com/index.php?id=9#handbooks, S. 13–14.

Wöhe, Günter; Ulrich Döring und Gerrit Brösel (2020): Einführung in die Allgemeine Betriebswirtschaftslehre, 27. Auflage. München, S. 187–190.

3 Gesamtsituationsbezogene Klausuren

3.1 Vorbemerkungen

Eine gesamtsituationsbezogene Klausur bezieht sich auf die Analyse einer gesamten Periode in einem Unternehmen. Anders als die abgegrenzten Einzelfälle zu verschiedenen Themengebieten liegt hier eine höhere Komplexität vor, weil die Zusammenhänge über die mitgelieferten Berichte hergestellt werden. Die Klausurteilnehmer sollten darin geübt sein, die benötigten Informationen aus dem bereitgestellten Berichtswesen für die jeweilige Fragestellung herauszufiltern zu können.

Nach unseren Erfahrungen kommen Studierende, die das Planspiel mit dem notwendigen Engagement absolviert haben, mit diesem Klausurtypus gut zurecht. Studierende, die sich zu wenig in die Entscheidungs- und Analysearbeit der Spielperioden eingebracht haben, fühlen sich aufgrund der Vielzahl der unstrukturiert wahrgenommenen Informationen schnell überfordert.

Als Einstieg wird im Abschnitt 3.1 eine Klausur gewählt, in welcher erstmals Entscheidungen zu treffen sind. Dazu hat man sich erstmals einen Gesamtüberblick über die vorliegenden Daten aus der Periode 0 und die Wirtschaftsnachrichten zu verschaffen und vor den eigenen Zielen in entsprechende Entscheidungen zu transferieren. Abgerundet wird diese Aufgabe durch die Darstellung der erreichten Ergebnisse am Markt.

Dem schließt sich in 3.2 kompetenzsteigernd eine Planung der Periode 3 an. In dieser Periode hat man strategische Überlegungen unter Beweis zu stellen. Zudem sind in dem Beispiel-Unternehmen Planungsfehler passiert. Diesen gilt es zu finden und auszumerzen.

3.2 Erstmalige Entscheidungen für die Periode 1

1. Bereitgestellte Daten und Berichte

Sie gehören einer Gruppe an, die in der Funktion der Geschäftsleitung die Entscheidungen für die Periode 1 plant. Dazu stehen Ihnen folgende Informationen zur Bearbeitung dieser Aufgabe zur Verfügung:
- die Wirtschaftsprognose für die Periode 1,
- der Marktforschungsbericht der Periode 0,
- der Lagerbericht der Periode 0,
- die Deckungsbeitragsrechnung der Periode 0,
- der Personalbericht der Periode 0 sowie
- der Fertigungsbericht der Periode 0.

https://doi.org/10.1515/9783110686111-003

Auf den folgenden Seiten finden Sie nun die Wirtschaftsprognose für die Periode 1 und sämtliche bereits angesprochenen Berichte aus der Periode 0, die Sie neben Ihren Zielen für Ihre Entscheidungen benötigen (siehe Abb. 3.2–3.8).

WIRTSCHAFTSPROGNOSE PERIODE 1   1/1

Generelle Wirtschaftsdaten

Die letztjährigen Verwerfungen auf den Kapitalmärkten wirken noch nach. Die Banken üben sich bei der Vergabe von Krediten weiterhin in Zurückhaltung. Das wirkt sich negativ auf die Investitionstätigkeit der Unternehmen aus. Daher rechnen renommierte Ökonomen mit einem verhaltenen Start ins neue Jahr. Für die zweite Jahreshälfte stellen sie steigende Wachstumsraten in Aussicht. Für das Gesamtjahr wird prognostiziert, dass

- das Bruttoinlandsprodukt real um 1,5 % wächst,
- die Löhne und Gehälter ebenfalls um 2 % zulegen.

Branchennews

Der Verband der Kopiererhersteller stellt Ihnen folgende Informationen zur Verfügung:

In Abhängigkeit vom Preisniveau dürfte die Nachfrage nach Farbkopierern um etwa 3 – 5 % steigen. Wichtigster Treiber dürfte dabei das Ersatzgeschäft sein. Zudem achten Kunden vermehrt auf das Preis-Leistungsverhältnis im Hinblick auf die angebotene Technologie.

Einer Ihrer Key Account Manager steht in Kontakt mit einem Großhändler, der Ihre Kopiergeräte gerne unter seinem Markennamen im Ausland vertreiben möchte. Der Großhändler bietet Ihnen an, zu einem Preis von 2.700 EUR maximal 4.000 Kopierer abzunehmen. Als Liefer**bedingung ist EXW ("ex works")** vorgeschlagen, d. h. Transport, Zölle etc. lägen in der Verantwortung des Großabnehmers. Da dieser nur außerhalb Ihres Absatzgebietes tätig ist, würde sein Angebot keine Konkurrenz für Sie bedeuten.

Wegen des zuletzt schwachen Wirtschaftswachstums ist das Arbeitskräfteangebot groß, was die Suche nach geeigneten Mitarbeitern erleichtert. Deshalb sinken die Kosten für Neueinstellungen auf 5.000 EUR pro neuen Mitarbeiter.

Die folgenden Werte ändern sich von Periode 0 auf Periode 1:

		Periode 0	Periode 1
Einstellungskosten (pro Mitarbeiter)	TEUR	12,5	5
Löhne/Gehälter			
Einkauf	TEUR	30	31
Verwaltung	TEUR	28	29
Fertigung	TEUR	30	31
F & E	TEUR	44	45
Vertrieb	TEUR	40	41

Abb. 3.1: Wirtschaftsprognose für die Periode 1

MARKT 1: CLASSIC

	Preis	Abweichung Preis	Technologie	Werbung	Mitarbeiter Vertrieb	Zufrieden-heit Kunden	Bekanntheit	Absatz	Umsatz Markt	Marktanteil
	EUR	%	Index	MEUR	Mitarbeiter	Index	Index	Stück	MEUR	%
U1	3.000	0,00	100,00	6,00	100,00	69,97	49,25	43.000	129,00	20,00
U2	3.000	0,00	100,00	6,00	100,00	69,97	49,25	43.000	129,00	20,00
U3	3.000	0,00	100,00	6,00	100,00	69,97	49,25	43.000	129,00	20,00
U4	3.000	0,00	100,00	6,00	100,00	69,97	49,25	43.000	129,00	20,00
U5	3.000	0,00	100,00	6,00	100,00	69,97	49,25	43.000	129,00	20,00
Ø / Summe	3.000		100,00	6,00	100,00	69,97	49,25	215.000	645,00	

SONSTIGE MÄRKTE

	Großabnehmer Classic	Ausschreibung Classic
	Stück	Gebot in EUR
U1	0	0,00
U2	0	0,00
U3	0	0,00
U4	0	0,00
U5	0	0,00

Abb. 3.2: Marktforschungsbericht der Periode 0

EINSATZSTOFFE/TEILE COPY CLASSIC

	Menge		Lagerwerte
	Stück	EUR/Stück	MEUR
Lageranfangsbestand	0	0,00	0,00
+ Zugang von Lieferant	0	600,00	0,00
+ Nachlieferung	40.000	600,00	24,00
- Abgang an Fertigung	40.000	600,00	24,00
= Lagerendbestand	0	600,00	0,00

FERTIGPRODUKTE COPY CLASSIC

	Menge		Lagerwerte
	Stück	EUR/Stück	MEUR
Lageranfangsbestand	12.000	2.100,00	25,20
+ Zugang von Fertigung	40.000	2.059,20	82,37
- Abgang an Vertrieb	43.000	2.068,61	88,95
= Lagerendbestand	9.000	2.068,61	18,62

Abb. 3.3: Lagerbericht der Periode 0

COPY CLASSIC - DECKUNGSBEITRAGSRECHNUNG GESAMT (MEUR)

	Markt 1	Großabnehmer	Ausschreibung	Markt 2	Sondermarkt	Summe
Umsatzerlöse	129,00	0,00	0,00	0,00	0,00	129,00
- Var. Materialkosten	28,08	0,00	0,00	0,00	0,00	28,08
- Var. Fertigungskosten	38,90	0,00	0,00	0,00	0,00	38,90
- Transportkosten	1,08	0,00	0,00	0,00	0,00	1,08
= Deckungsbeitrag I	60,95	0,00	0,00	0,00	0,00	60,95
- Fixe Materialkosten	0,91	0,00	0,00	0,00	0,00	0,91
- Fixe Fertigungskosten	21,06	0,00	0,00	0,00	0,00	21,06
= Deckungsbeitrag II	38,97	0,00	0,00	0,00	0,00	38,97
- Kosten für Werbung	6,00	0,00	0,00	0,00	0,00	6,00
= Deckungsbeitrag III	32,97	0,00	0,00	0,00	0,00	32,97
- Entwicklungskosten	0,00	0,00	0,00	0,00	0,00	0,00
= Deckungsbeitrag IV	32,97	0,00	0,00	0,00	0,00	32,97
- Forschungskosten						2,31
- Vertriebskosten						6,96
- Verwaltungskosten						9,79
= Deckungsbeitrag V						13,91

COPY CLASSIC - DECKUNGSBEITRAGSRECHNUNG PRO STÜCK (EUR)

	Markt 1	Großabnehmer	Ausschreibung	Markt 2	Sondermarkt	ø-Wert
Preis	3.000,00	0,00	0,00	0,00	0,00	3.000,00
- Var. Materialkosten	653,01	0,00	0,00	0,00	0,00	653,01
- Var. Fertigungskosten	904,56	0,00	0,00	0,00	0,00	904,56
- Transportkosten	25,00	0,00	0,00	0,00	0,00	25,00
= Deckungsbeitrag I	1.417,43	0,00	0,00	0,00	0,00	1.417,43
- Fixe Materialkosten	21,24	0,00	0,00	0,00	0,00	21,24
- Fixe Fertigungskosten	489,81	0,00	0,00	0,00	0,00	489,81
= Deckungsbeitrag II	906,39	0,00	0,00	0,00	0,00	906,39
- Kosten für Werbung	139,53	0,00	0,00	0,00	0,00	139,53
= Deckungsbeitrag III	766,85	0,00	0,00	0,00	0,00	766,85
- Entwicklungskosten	0,00	0,00	0,00	0,00	0,00	0,00
= Deckungsbeitrag IV	766,85	0,00	0,00	0,00	0,00	766,85
- Forschungskosten						53,67
- Vertriebskosten						161,92
- Verwaltungskosten						227,79
= Deckungsbeitrag V						323,47

Abb. 3.4: Auszüge aus der Deckungsbeitragsrechnung der Periode 0

In der Gruppe haben Sie sich nach intensiver Diskussion auf folgende Ziele verständigen können:

– Absatzmenge von 50.000 Kopiergeräten am Markt 1. Die Gruppe erwartet, daß die anderen Unternehmen aufgrund der prognostizierten Kostensteigerungen den Preis leicht anheben werden. Selbst soll der Preis um 1 % gesenkt werden. Durch diese Entscheidung erhofft man sich ein weitaus stärkeres Wachstum, als in den Wirtschaftsnachrichten prognostiziert (5 bis 10 %).

– Keine Entlassungen von Mitarbeitern.

	Einkauf	Verwaltung	Fertigung	F&E	Vertrieb	Summe
Personalanfangsbestand	18	200	853	34	100	1.205
+ Einstellungen	1	16	50	2	9	78
- Entlassungen	0	0	0	0	0	0
- Fluktuation	1	8	51	1	9	70
= Personalendbestand	18	208	852	35	100	1.213
Löhne/Gehälter (MEUR) (*)	0,54	5,82	25,56	1,54	4,00	37,46
Einstellungen/Entlassungen/Training (MEUR)	0,01	0,20	0,63	0,03	0,11	0,98
Personalnebenkosten (MEUR) (*)	0,22	2,33	10,22	0,62	1,60	14,99
Pensionsrückstellungen (MEUR) (*)	0,03	0,29	1,28	0,08	0,20	1,87
Summe Personalkosten (MEUR)	0,80	8,64	37,69	2,26	5,91	55,30
Kosten Sozialplan (MEUR)	0,00	0,00	0,00	0,00	0,00	0,00
Trainingsmaßnahmen Fertigung (MEUR)			0,00			
Personalnebenkosten in % der Gehälter						40,00
(*) ohne Kosten für Überstunden						

Abb. 3.5: Auszüge aus dem Personalbericht der Periode 0

1. FERTIGUNGSANLAGEN

	Beschaff.-Periode	Beschaffungswert	Restlaufzeit	Abschreibung	Restbuchwert	Sonstige fixe Kosten	Resterlös
		MEUR	Perioden	MEUR / Periode	MEUR	MEUR	% vom Buchwert
Typ A Anlage Nr 1	-8	12,50	1	1,25	1,25	1,50	20,0
Typ A Anlage Nr 2	-7	15,00	2	1,50	3,00	1,00	20,0
Typ A Anlage Nr 3	-5	20,00	4	2,00	8,00	0,50	20,0
Typ A Anlage Nr 4	-4	20,00	5	2,00	10,00	0,25	20,0
Summe		67,50		6,75	22,25	3,25	

	Normale Kapazität	Instandhaltung	Umweltindex
	Einheit	MEUR	Index
Typ A Anlage Nr 1	8.000	1,00	83,0
Typ A Anlage Nr 2	9.000	1,00	90,0
Typ A Anlage Nr 3	11.500	1,00	95,0
Typ A Anlage Nr 4	13.500	1,00	98,0
Summe / Durchschnitt	42.000	4,00	91,5

Abb. 3.6: Teil 1 des Fertigungsberichtes der Periode 0

- Keine Investitionen in neue Maschinen. Dafür aber 100 %ige Auslastung der vorhandenen Maschinen.
- Keine Überstunden bei den Fertigungsmitarbeitern.
- Nutzung (Leerung) des vorhandenen Fertigwarenlagers.
- Produktentwicklung mit dem Bestand an Mitarbeitern der Vorperiode im Forschungs- und Entwicklungsbereich.
- Anpassung des Werbebudgets in Relation zum erwarteten Umsatz mit Blick auf die Referenzperiode 0.
- Anpassung der Vertriebsmitarbeiter in Relation zur Zielverkaufsmenge am Markt 1 mit Blick auf die Referenzperiode 0.

2. FERTIGUNGSPERSONAL

	Aktuelle Periode	Vorperiode
Personalbestand	852	853
- Fehlzeiten	50	-
= Einsetzbares Personal	802	-
Neue Mitarbeiter (%)	5,86	-
Trainingsausgaben pro Mitarbeiter (EUR)	0	-
Mitarbeitermotivation (Index)	50,8	50,0
Einarbeitungsindex	1,00	-
× Personalqualifizierungsindex	1,00	1,00
× Faktor Motivation	1,00	-
= Produktivitätsindex I	1,00	-

	Classic
Kumulierte Fertigung bis Vorperiode	0
Produktivitätsindex II	1,00

	Classic
Grundproduktivität (Stück / Periode)	50,00
× Produktivitätsindex I	1,00
× Produktivitätsindex II	1,00
= Produktivität (Stück / Periode)	50,02

Abb. 3.7: Teil 2 des Fertigungsberichtes der Periode 0

2. Aufgabenstellung

Treffen Sie bitte die Entscheidungen für die Periode 1. Als Orientierung stehen Ihnen im folgenden die vorbereiteten Entscheidungsmasken zur Verfügung. Die bereits enthaltenen Werte sind Voreinstellungen. Sie sollten diese unbedingt prüfen und gemäß Ihren Überlegungen abändern. Begründen Sie anschließend Ihre getroffenen Entscheidungen kurz (siehe Abb. 3.9–3.11). (90 Punkte)

3. Lösung und Begründungen

Die getroffenen Entscheidungen und deren Begründungen erfolgen hier in der Reihenfolge, wie sie durch die drei Entscheidungsmasken vorgegeben sind.

Zu den Entscheidungen in der Rubrik Vertrieb und Produktentwicklung:

Preis

Den Preis der Vorperiode kann aus dem Marktforschungsbericht entnommen werden. Er betrug in der Periode 0 für alle Unternehmen 3.000 €. Nach dem Beschluß der Gruppe soll eine Preissenkung von 1 % zur Vorperiode vorgenommen werden. Damit ergibt sich ein Preis für die Periode 1 von 2.970 € am Markt 1.

3. AUSLASTUNG FERTIGUNG

PERSONAL

	Classic	Gesamt
		802
Einsetzbares Personal (ohne Überstunden)		
Einsetzbares Personal (inklusive Überstunden)	882,20	
Produktivität (Stück / Periode)	50,02	
Geplante Fertigungsmenge	40.000	
Tatsächliche Fertigungsmenge	40.000	
Eingesetztes Personal (inklusive Überstunden)	**799,66**	
Auslastung Mitarbeiter (%)		**99,7**

FERTIGUNGSANLAGEN

	Classic	Gesamt
		42.000
Verfügbare Fertigungskapazität (ohne Überstunden)		
Verfügbare Fertigungskapazität (inklusive Überstunden)	46.200	
Benötigte Anlagenkapazität pro Fertigprodukt	1,00	
Geplante Fertigungsmenge	40.000	
Tatsächliche Fertigungsmenge	40.000	
Genutzte Fertigungskapazität	**40.000**	
Auslastung Anlagen (%)		**95,2**

4. UMWELTINDEX GESAMT

Umweltbelastungsindikator des Unternehmens	*(Index)*	91,5
Umweltabgabe	*(MEUR)*	1,90

Abb. 3.8: Teil 3 des Fertigungsberichtes der Periode 0

Die Preisfindung gehört erfahrungsgemäß gerade zu Beginn des Planspiels zu den Entscheidungen, die mit besonderer Unsicherheit verbunden ist. Der Grund dafür liegt darin, daß man nicht weiß, mit welchem Preis die anderen Spielgruppen starten.

Entscheidung: 2.970 €.

Werbung

Die Gruppe entschied sich für den Ansatz, die Werbeausgaben in Relation zum Umsatz am Mark 1 auszurichten. In Periode 0 betrug der Umsatz 129 Mio. € auf Markt 1. Das Werbebudget lag bei 6 Mio. € und betrug somit 4,65 % des Umsatzes. Der Planumsatz für die Periode 1 liegt bei 148,5 Mio. € (2.970 €/Stück · 50.000 Stück). Danach bemißt sich das Werbebudget auf 6,91 Mio. €. Für die konkrete Entscheidung sollte man die Werbeausgaben auf 7,0 Mio. € aufrunden.

Entscheidung: 7,0 Mio. €.

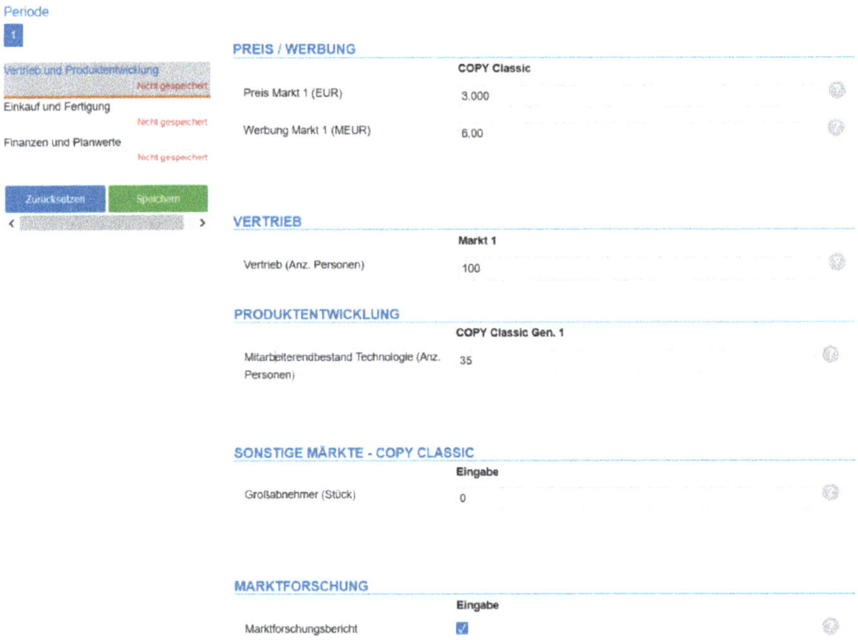

Abb. 3.9: Entscheidungsmaske Vertrieb und Produktentwicklung

Vertrieb Markt 1

In der Vorperiode konnten mit 100 Vertriebsmitarbeitern 43.000 Kopierer am Markt 1 abgesetzt werden. Insofern kommen auf jeden Vertriebler 430 verkaufte Kopierer. Wenn man in dieser Periode 50.000 Produkte am Markt 1 absetzen möchte, erfordert dies bei linearer Hochrechnung 116,27 Vertriebsmitarbeiter. Aufgrund des abnehmenden Grenznutzens zusätzlicher Vertriebler stellt diese Zahl also eine Untergrenze dar. Aufgrund der Ungewißheit hinsichtlich der Zielabsatzmenge und der genauen Wirkungsweise zusätzlicher Vertriebler ist eine Aufrundung auf 117 Mitarbeiter akzeptabel.

Entscheidung: 117 Vertriebsmitarbeiter.

Mitarbeiter in der Produktentwicklung Copy Classic Generation 1

Die Geschäftsleitung hatte sich gemäß der Aufgabenstellung darauf verständigt, die Produktentwicklung ohne zusätzliche Mitarbeiter im Forschungs- und Entwicklungsbereich voranzutreiben. Insofern bleibt es bei der aus dem Personalbericht entnehmbaren und in der Entscheidungsmaske voreingestellten Bestand von 35 Forschungs- und Entwicklungsmitarbeitern.

Entscheidung: 35 Forschungs- und Entwicklungsmitarbeitern.

Großabnehmer

Nach den Zielen der Gruppe sollen die Maschinen ohne Investitionen oder Desinvestitionen zu 100 % ausgelastet sein. Damit liegt die Fertigungsmenge entsprechend der im Fertigungsbericht angegebenen Maschinenkapazität bei 42.000 Kopiergeräten. Im Lagerbericht werden noch 9.000 Kopierer aus der Periode 0 ausgewiesen. Damit stehen insgesamt 51.000 Produkte für den Verkauf bereit.

Bei einer Plan-Absatzzahl in Höhe von 50.000 Geräten für den Markt 1 stehen somit noch 1.000 Kopierer für den Großabnehmer zur Verfügung. In der Wirtschaftsprognose ist zu lesen, daß jedes Unternehmen maximal 4.000 Kopierer zum Festpreis an den Großabnehmer liefern kann. Mit dem Ziel der Lagerreduzierung kann der Großabnehmer demnach nur mit 1.000 Kopierern beliefert werden.

Da diese Großabnehmerbelieferung kostenrechnerisch als Zusatzauftrag einzustufen ist, sollte eine diesbezügliche Entscheidung über die Deckungsbeitragsrechnung erfolgen. In der Periode 0 betrug der Stück-Deckungsbeitrag IV 766,85 €. Selbst bei Berücksichtigung von Kostensteigerungen in dieser Periode macht der Blick in die Deckungsbeitragsrechnung klar, daß sich über die Belieferung des Großabnehmers ein positiver Deckungsbeitrag erwirtschaften läßt (zumal hier auch laut Wirtschaftsprognosen keine Transportkosten aufgrund der Lieferbedingung EXW entstehen).

Ob das Unternehmen mit dieser Entscheidung in eine Lieferunfähigkeit am Markt 1 gerät, hängt davon ab, wie viele Kunden bei der Berechnung aller Entscheidungen der gesamten Unternehmen einen Kopierer kaufen möchten. Lockt das Unternehmen durch den Marketing-Mix und das Verhalten der Konkurrenz mehr als die geplante 47.000 Kunden an, so wird es aufgrund der bevorzugten Belieferung des Großabnehmers (Lieferpriorität des Großabnehmers gegenüber Markt 1) eine entsprechende Lieferunfähig geben. Teams, die eine Lieferunfähigkeit am Markt 1 unbedingt verhindern möchten und sich ihrer Plan-Absatzmenge nicht sicher sind, halten sich deshalb durch eine geringere Belieferung des Großabnehmers einen Lagerpuffer.

Entscheidung: Belieferung des Großabnehmers mit 1.000 Kopierern.

Marktforschungsbericht

Durch die Anforderung eines Marktforschungsberichts erhalten Unternehmensleitungen einen Einblick in den Marketing-Mix der Konkurrenzunternehmen, hier also in die aktuell zu spielende Periode 1. Damit lassen sich dann in der nächsten Periode Rückschlüsse auf das Verhalten der Konkurrenten ziehen. Ein anderer wichtiger Aspekt ist die Analyse der Wirkungsweise des Marketing-Mixes. Insofern erfüllt ein Marktforschungsbericht insbesondere zu Beginn des Planspiels eine gute Informationsfunktion. Die Kosten des Berichts in Höhe von 100.000 €

werden erfahrungsgemäß durch die wertvollen Informationen zum Treffen der marktbezogenen Entscheidungen aufgewogen.

Entscheidung: Marktbericht anfordern, den bereits gesetzten Haken belassen.

Zu den Entscheidungen in der Rubrik Einkauf und Fertigung:

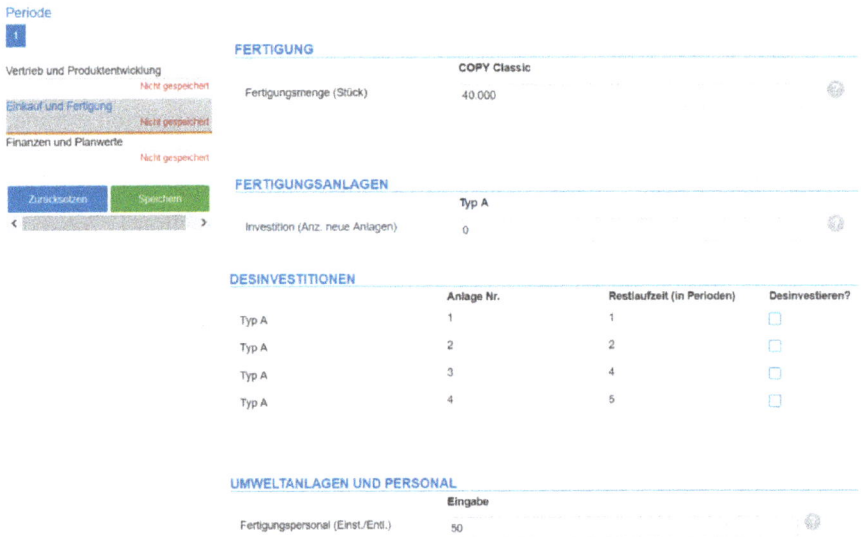

Abb. 3.10: Entscheidungsmaske Einkauf und Fertigung

Fertigungsmenge

Ziel der Unternehmensleitung war eine 100 %ige Auslastung des vorhandenen Maschinenbestands. Dem Fertigungsbericht ist eine Maschinenkapazität von 42.000 Einheiten ohne Überstunden zu entnehmen. Mit einer Maschineneinheit läßt sich beim aktuellen Copy Classic Generation 1 ein Produkt herstellen. Daher beträgt die Gesamtproduktionsmenge 42.000 Stück.

Entscheidung: Fertigungsmenge 42.000 Stück

Investitionen/Desinvestitionen Fertigungsanlagen

Da die Geschäftsleitung keine Investitionen vornehmen wollte, und die Fertigung die vorhandenen Anlagen aus der Periode 0 für die Herstellmenge vollständig benötigt, kommt es weder zu Neuanschaffung noch zu Desinvestitionen von Maschinen.

Entscheidung: Investition 0, Desinvestition 0.

Veränderung Fertigungspersonal

Die Festlegung des Fertigungspersonals zählt gerade zu Beginn des Planspiels zu den Herausforderungen der Entscheider, weil hier die Fluktuation, die Fehlzeiten und die Arbeitsproduktivität durch Einstellungen stark beeinflußt werden.

In Periode 0 verfügte das Unternehmen laut Personalbericht über 852 Fertigungsmitarbeiter. Die Fluktuation in Periode 0 betrug 51 Mitarbeiter. Dieser natürliche Abgang wurde durch Einstellung von 50 Mitarbeitern nahezu ausgeglichen. Von den 852 Mitarbeitern waren 802 einsetzbar, weil 50 Mitarbeiterstellen als Fehlzeiten (Krankheit u. a.) erfaßt wurden.

Es ist davon auszugehen, daß aufgrund der gestiegenen Produktionsmenge (von 40.000 auf 42.000) mehr Mitarbeiter als in der Periode 0 eingestellt werden müssen. Durch diesen Umstand ist zu erwarten, daß die Produktivität (wegen des schlechteren Einarbeitungs-Indexes) sinken wird und die Fehlzeiten sich erhöhen.

Für die Berechnung der Einstellungszahl an neuen Fertigungsmitarbeitern soll folgende Überschlagsrechnung einen ungefähren Wert ergeben:

geschätzte neue Produktivität:	48 Kopierer pro Mitarbeiter;
geschätzte Fluktuation:	55 Mitarbeiter;
geschätzte Fehlzeiten:	60 Mitarbeiter.

Daraus ergibt sich folgender Personalbedarf an einsetzbaren Fertigungsmitarbeitern: 42.000 Kopierer : 48 Kopierer/Mitarbeiter = 875 Mitarbeiter. Ohne Einstellungen vorzunehmen, wären aktuell einsetzbar: 852 – 55 – 60 = 737 Mitarbeiter. Somit ergibt sich aus (875 – 737) ein Einstellungsbedarf in Höhe von 138 Mitarbeitern, wenn die Auslastung von 100 % nicht überstiegen werden soll.

Entscheidung: 138 Mitarbeiter einstellen.

Zu den Entscheidungen in der Rubrik Finanzen und Planwerte:

Abb. 3.11: Entscheidungsmaske Finanzen und Planwerte

In der ersten Entscheidungsperiode ist in dieser Rubrik nur der angenomme-
ne Absatz des Copy Classic am Markt 1 anzugeben. Später kommen dann noch
weitere zu planende Größen hinzu.

Plan-Absatzmenge

Aus der Aufgabenstellung war zu erfahren, daß man aufgrund der Preissenkung
mit einer Erhöhung der Absatzmenge um 7.000 Kopiergeräten gegenüber der Vorperiode gerechnet hatte. Insofern liegt die Plan-Absatzmenge auf dem Markt 1 bei
50.000 Produkten. Bei der Eingabe der Plan-Absatzmenge handelt es nicht um
eine Entscheidung. Es ist vielmehr ein Prognosewert aufgrund der Erwartungen
der Geschäftsleitung. Damit soll überprüft werden, ob die Teilnehmer an diesen
Spielen in der Lage sind möglichst korrekt zu planen.

Angenommener (Plan-)Absatz: 50.000 Kopiergeräte auf Markt 1.

4. Kontrollmöglichkeit

Die Aufgabenstellung war äußerst komplex, da erstmals für das Unternehmen
über alle Bereiche und unter Unsicherheit geplant werden mußte. Wir haben die
getroffenen Entscheidungen und Planwerte für die Periode 1 in die Planspiel-Soft-
ware eingegeben und für fünf Unternehmen berechnen lassen. Bei den vier Konkurrenzunternehmen (Unternehmen 2 bis 5) haben wir den Preis einheitlich auf
3.030 € pro Kopiergerät erhöht. Für Unternehmen 1 wurden die hier entwickelten
Werte eingegeben. Nachfolgend erhalten Sie einige Auswertungen zu dieser Aufgabe (siehe Abb. 3.12).

Das Unternehmen 1 ist leicht lieferunfähig geworden. Durch die Entscheidungen im Rahmen des Marketing-Mixes wurden am Markt 1 insgesamt 50.127
Kundenanfragen ausgelöst, 50.000 Kopierer konnten jedoch nur geliefert werden. Die wesentlichen Unternehmenskennzahlen stellen sich wie folgt dar (siehe
Abb. 3.13).

Die wesentlichen Kennzahlen zeigen, daß die Planung aufgegangen ist. Der
Gewinn wurde gesteigert, die Mitarbeiterauslastung liegt geringfügig unter der
Zielmarke von 100 % und die Eigenkapitalrendite wurde gehalten. Die Einzah-
lungsüberschüsse auf Grund des gestiegenen Umsatzes haben zur Reduzierung
des Überziehungskredites beigetragen.

Markt 1: Classic

	Preis	Abweichung Preis	Technologie	Werbung	Mitarbeiter Vertrieb	Zufrieden-heit Kunden	Bekanntheit	Absatz	Umsatz Markt	Marktanteil
	EUR	%	Index	MEUR	Mitarbeiter	Index	Index	Stück	MEUR	%
U1	2.970	-1,59	102,45	7,00	117,00	71,98	49,42	50.000	148,50	21,87
U2	3.030	0,40	102,45	6,00	100,00	70,48	48,67	43.781	132,66	19,53
U3	3.030	0,40	102,45	6,00	100,00	70,48	48,67	43.781	132,66	19,53
U4	3.030	0,40	102,45	6,00	100,00	70,48	48,67	43.781	132,66	19,53
U5	3.030	0,40	102,45	6,00	100,00	70,48	48,67	43.781	132,66	19,53
Ø / Summe	3.018		102,45	6,20	103,40	70,78		48,82 225.124	679,13	

Sonstige Märkte

	Großabnehmer Classic	Ausschreibung Classic
	Stück	Gebot in EUR
U1	1.000	0,00
U2	0	0,00
U3	0	0,00
U4	0	0,00
U5	0	0,00

Abb. 3.12: Auszüge aus dem Marktforschungsbericht der Periode 1

	Planwerte	Vorperiode
Periodenüberschuss/ -fehlbetrag	8,34 MEUR	6,52 MEUR
Absatz COPY Classic Markt 1	50.000 Stück	43.000 Stück
Herstellkosten COPY Classic	2.131,32 EUR/Stück	2.059,20 EUR/Stück
Selbstkosten COPY Classic	2.675,66 EUR/Stück	2.676,53 EUR/Stück
Auslastung Fertigungsmitarbeiter	99,7 %	99,7 %
Auslastung Fertigungsanlagen	100,0 %	95,2 %
Kassenbestand	0,10 MEUR	0,10 MEUR
Überziehungskredit	10,43 MEUR	43,37 MEUR
Eigenkapitalrendite	26,47 %	26,10 %

Abb. 3.13: Die KPI's der simulierten Entscheidungsperiode 1

Aus dem zugehörigen Spielleiterbericht kann entnommen werden, daß der Aktienkurs für das Unternehmen 1 bei 236,47 € und damit 14,96 € über dem der vier Mitwettbewerber liegt.

3.3 Ein Unternehmen in der Periode 3

1. Bereitgestellte Daten und Berichte
Siehe Abb. 3.14 und 3.15.

Allgemein

		P 3	P 2
Aktienkurs	EUR	180	263
Periodenüberschuss/ -fehlbetrag	MEUR	-10,08	6,29
Umsatz Gesamt	MEUR	160,00	187,47

1. Markt

		P 3	P 2
Absatz gesamt COPY Classic	Stück	52.955	64.419
Umsatz Gesamt COPY Classic	MEUR	160,00	187,47

Copy Classic | Markt 1

		P 3	P 2
Absatz	Stück	42.083	56.419
Geplanter Absatz	Stück	62.000	52.000
Umsatz	MEUR	132,56	165,87
Marktanteil	%	17,74	21,68

Copy Classic | Markt 2

		P 3	P 2
Absatz	Stück	4.872	0
Geplanter Absatz	Stück	4.000	4.000
Umsatz	MEUR	13,64	0,00
Marktanteil	%	17,90	0,00

Großabnehmer | COPY Classic

		P 3	P 2
Absatz	Stück	6.000	8.000
Umsatz	MEUR	13,80	21,60

Abb. 3.14: Markt-Daten aus dem Executive Summary

2. Produktion

		P 3	P 2
Tatsächliche Fertigungsmenge COPY Classic	Stück	68.200	62.000
Lagerendbestand COPY Classic	Stück	15.245	0
Auslastung Mitarbeiter	%	90,4	99,2
Auslastung Anlagen	%	110,0	100,0
Produktivitätsindex I	Index	0,91	0,91
Produktivitätsindex II COPY Classic	Index	1,03	1,01
Herstellkosten COPY Classic	EUR/Stück	2.123	1.979
Selbstkosten COPY Classic	EUR/Stück	3.094	2.701

3. Kostenstruktur

		P 3	P 2
Umsatz	MEUR	160,00	187,47
Umsatzkosten	MEUR	112,44	127,72
F&E Kosten	MEUR	16,99	12,48
Vertrieb Kosten	MEUR	23,17	22,30
Verwaltung Kosten	MEUR	11,24	11,52
Betriebsergebnis	MEUR	-3,84	13,46
Umsatzrendite	%	-6,30	3,35

4. Erfolgskennzahlen

		P 3	P 2
Periodenüberschuss/ -fehlbetrag	MEUR	-10,08	6,29
Eigenkapital	MEUR	36,04	46,13
Eigenkapitalrendite	%	-21,86	15,78
Aktienkurs	EUR	180	263

5. Finanzen

		P 3	P 2
Kassenbestand	MEUR	0,10	0,10
Überziehungskredit	MEUR	65,69	37,24
Finanzergebnis	MEUR	-6,24	-2,98
Fremdkapitalquote	%	70,63	54,09
Rating	Stufe	B	BB

Abb. 3.15: Rechnungswesen-Daten aus dem Executive Summary

2. Aufgabenstellungen

a) Rekonstruieren Sie nach den Angaben des Executive Summary die Entscheidungen der Periode 3 soweit wie möglich. (20 Punkte) Ihnen liegt dazu als Orientierung der folgende Entscheidungsbogen vor:

ENTSCHEIDUNGSFORMULAR PERIODE 3

Unternehmen____

Vertrieb		COPY Classic			
		Markt 1	Markt 2		
	Preis (Stk.)	EUR	FCU		
	Werbung	MEUR	MEUR		
	Corporate Identity	MEUR		Markt 1	Markt 2
	Marktforschungsbericht	Ja: O	Vertrieb	Anz. Pers.	Anz. Pers.
	Großabnehmer		Stk.	Relaunch (Gen. 1)	Ja: O

F&E		Technologie	Ökologie	Wertanalyse
	COPY Classic – Gen. 1	Anz. Pers.	MEUR	MEUR
	COPY Classic – Gen. 2	Anz. Pers.	MEUR	MEUR

Einkauf		COPY Classic
	Einsatzstoffe/Teile	Einh.

Fertigung		COPY Classic	
	Fertigungsmenge	Stk.	
	Fertigungsanlagen	Typ A	Typ B
	Investition	Anz. neuer Anl.	Anz. neuer Anl.
	Desinvestition	Nr. der Anl.	Nr. der Anl.
	Prozessoptimierung		MEUR
	Fertigungspersonal Einstl. / Entl. (-)		Personen
	Training	MEUR	
	Personalnebenkosten	%	

Planwerte		COPY Classic		
		Markt 1	Markt 2	
	Absatz	Stück	Stück	

Abb. 3.16: Entscheidungsbogen der Periode 3

b) Versetzen Sie sich in die Rolle eines Aktionärs dieses Unternehmens, und beurteilen Sie die Periode 3. (10 Punkte)

c) Beschreiben Sie als Leiter Vertrieb für die Periode 3 die Lage am Markt, und legen Sie dabei auch mögliche Ursachen für die Entwicklung dar. (15 Punkte)

d) Beschreiben Sie als Leiter Produktion für die Periode 3 Ihre Kennzahlen und mögliche Ursachen. (15 Punkte)

3. Lösungen und Erläuterungen

Zu a)

Preis Markt 1: 3.150 €
Rechenweg: Umsatz Markt 1 : Absatzmenge Markt 1 = 132.560.000 : 42.083

Preis Markt 2: 2.800 €
(Eine Umrechnung in FCU ist aufgrund des fehlenden Umrechnungskurses nicht möglich.)
Rechenweg: Umsatz Markt 2 : Absatzmenge Markt 2 = 13.640.000 : 4.872

Werbung und Vertriebsmitarbeiter für Markt 1 und 2 sowie Corporate Identity sind nach den Daten des Executive Summary nicht berechenbar.

Großabnehmer: 6.000 Einheiten (Kopiergeräte Copy Classic Generation 1)

Relaunch: Nach den vorliegenden Daten nicht feststellbar.

F&E-Entscheidungen in den Bereichen Technologie (Endbestand Mitarbeiter), Ökologie (Beraterbudget in €) und Wertanalyse (Beraterbudget in €) sind mit den Daten des Executive Summary nicht rekonstruierbar

Die Einkaufsmenge der Einsatzstoffe sind über den Executive Summary nicht ermittelbar.

Fertigungsmenge: Ungewiß.
Annahme: 72.000 Mengeneinheiten

Es läßt sich nicht eindeutig feststellen, welche Entscheidung getroffen wurde. Zwar liegt die tatsächliche Fertigungsmenge mit 68.200 Mengeneinheiten vor, die Auslastung der Anlagen mit 110 % hätte aber eine höhere Ausbringungsmenge verhindert.

Die Absatzplanung ging von einer Plan-Absatzmenge in Höhe von 72.000 Mengeneinheiten aus. Dieser Wert ergibt sich aus den Marktdaten der Plan-Absatzzahlen auf Markt 1 mit 62.000 Mengeneinheiten, auf Markt 2 mit 4.000 Mengeneinheiten und dem Großabnehmer mit 6.000 Mengeneinheiten.

Da der Lagerbestand an Kopiergeräten bei 0 Mengeneinheiten in der Periode 2 lag, vgl. die Produktions-Daten im Executive Summary, hätte die Produktion mindestens 72.000 Mengeneinheiten herstellen müssen, um nach den Plan-Absatzzahlen lieferfähig zu sein.

Gegen die Annahme der Herstellmenge von 72.000 Mengeneinheiten spricht die Fertigungsmitarbeiterkapazität, denn mit den vorhandenen Mitarbeitern ließen sich bei einer 100 %iger Auslastung 75.442 Mengeneinheiten herstellen (68.200 : 0,904).

Weitere Entscheidungen im Produktionsbereich zu den Investitionen und Desinvestitionen sind mit den vorliegenden Angaben des Executive Summary ebenfalls nicht rekonstruierbar. Es bleibt jedoch zu vermuten, daß weder Investitionen noch Desinvestitionen durchgeführt wurden, weil in der Periode 2 die Maschinen mit der Herstellung von 62.000 Mengeneinheiten zu 100 % ausgelastet waren und die Herstellmenge in der Periode 3 mit 68.200 Mengeneinheiten den maximalen Auslastungswert von 110 % entspricht.

Zu den mitarbeiterrelevanten Entscheidungen Prozeßoptimierung, Einstellungen bzw. Entlassungen von Mitarbeitern, Training und Personalnebenkosten ist aufgrund der Datenlage keine Aussage möglich.

Die Plan-Absatzzahlen wie folgt:

Markt 1: 62.000 Einheiten,
Markt 2: 4.000 Einheiten.

Diese Werte sind der Berichtseinheit Markt des Executive Summary direkt zu entnehmen.

Als Kontrollmöglichkeit hier die tatsächlichen Entscheidungen der Periode 3 (siehe Abb. 3.17 und 3.18).

Zu b)
Der außenstehende Aktionär wird sich auf die Erfolgs- und Finanzkennzahlen konzentrieren.

Bei den Erfolgskennzahlen ist die Verschlechterung des Periodenergebnisses von einem Überschuß in Höhe von 6,29 Mio. € in der Periode 2 zu einem Fehlbetrag in Höhe von 10,08 Mio. € zu nennen. Damit einher geht die Reduzierung des Eigenkapitals von 46,13 Mio. € auf den gerundeten Wert von 36,04 Mio. €. (Dieser Wert ist gerundet, weil 46,13 Mio. € unter Einbezug des Jahresfehlbetrages einen Wert von 36,05 Mio. € ergibt.) Der Verlust schmälert die Erwartung auf die Zahlung einer zukünftigen Dividende, was ab der Periode 4 im Planspiel möglich ist, erheblich.

Entscheidungsprotokoll

⌂ pdf   ⌂ xls   ↗

Vertrieb

			P 0	P 1	P 2	P 3
Preis Markt 1	Classic	EUR	3.000	3.000	2.940	3.150
Werbung Markt 1	Classic	MEUR	6,00	7,00	8,50	9,00
Preis Markt 2	Classic	FCU	0	0	24.000	28.000
Werbung Markt 2	Classic	MEUR	0,00	0,00	0,64	0,80
Vertrieb Personalendbestand	Markt 1	Anzahl	100	110	125	95
Vertrieb Personalendbestand	Markt 2	Anzahl	0	0	10	7
Corporate Identity		MEUR	0,00	0,00	3,00	3,00

Produktentwicklung

			P 0	P 1	P 2	P 3
Technologie Personalendbestand	Classic Gen. 1	Anzahl	35	36	40	55
Technologie Personalendbestand	Classic Gen. 2	Anzahl	0	0	80	90
Ökologie	Classic Gen. 1	MEUR	0,00	0,00	2,00	3,00
Ökologie	Classic Gen. 2	MEUR	0,00	0,00	2,00	3,00
Wertanalyse	Classic Gen. 1	MEUR	0,00	0,00	0,00	0,30
Wertanalyse	Classic Gen. 2	MEUR	0,00	0,00	0,00	0,40

Großabnehmer und Ausschreibung

			P 0	P 1	P 2	P 3
Großabnehmer	Classic	Stück	0	0	8.000	6.000
Ausschreibung	Classic	EUR/St.	0,00	0,00	0,00	0,00

Relaunch und Neueinführung

		P 0	P 1	P 2	P 3
Relaunch?	Classic Gen. 1	Nein	Nein	Nein	Nein

Abb. 3.17: Teil 1 des Entscheidungsprotokolls zur Periode 3

Durch den Verlust sinkt die Eigenkapitalrendite auf – 21,86 % (– 10,08 : 46,13).

Neben anderen Faktoren sorgte das schlechte Ergebnis für ein Absinken des Aktienkurses von 263 € auf 180 € Kurswert je Aktie. Davon ist der Aktionär direkt betroffen, wenn er seine Anteile veräußern möchte.

Bei den Finanzkennzahlen sorgt die zunehmende Verschuldung mit gleichzeitiger Reduzierung des Eigenkapitals zu einer höheren Fremdkapitalquote. Dieser Aspekte und die damit einhergehende Verschlechterung des Ratings (von BB auf B) führten auch zum Absinken des Aktienkurses. Insgesamt ist damit die Anlage des Aktionärs ein Stück weit unsicherer geworden.

Zu c)

Die Absatzziele für die Periode 3 stellen sich wie folgt dar:

Marktforschung

Marktforschungsbericht	P 0	P 1	P 2	P 3
	Ja	Ja	Ja	Ja

Einkauf und Fertigung

			P 0	P 1	P 2	P 3
Einsatzstoffe/Teile	Classic	Einheit	0	0	70.000	75.000
Fertigungsmenge	Classic	Stück	40.000	40.000	62.000	73.000

Fertigungsanlagen

		P 0	P 1	P 2	P 3
Investition (Anz. neue Anlagen)	Typ A	0	0	2	0
Investition (Anz. neue Anlagen)	Typ B	0	0	0	0
Desinvestitionen	Anlage Nr.			1	

Umweltanlagen und Personal

		P 0	P 1	P 2	P 3
Prozessoptimierung	MEUR	0,00	0,00	0,00	0,20
Fertigungspersonal	Einst./Entl.	50	50	660	420
Training pro Mitarbeiter	EUR	0,00	0,00	0,00	2.000,00
Personalnebenkosten	%	40,00	40,00	40,00	40,00

Planwerte

			P 0	P 1	P 2	P 3
Geplanter Absatz Classic	Markt 1	Stück	50.000	50.000	52.000	62.000
Geplanter Absatz Classic	Markt 2	Stück	0	0	4.000	4.000

Abb. 3.18: Teil 2 des Entscheidungsprotokolls zur Periode 3

Markt 1:	62.000 Mengeneinheiten,
Markt 2:	4.000 Mengeneinheiten,
Großabnehmer:	6.000 Mengeneinheiten.

Demgegenüber stellten sich die Ist-Absatzwerte wie folgt ein:

Markt 1:	42.083 Mengeneinheiten,
Markt 2:	4.872 Mengeneinheiten,
Großabnehmer:	6.000 Mengeneinheiten.

Eine überaus große Abweichung zwischen dem Plan und dem Ist trat am Markt 1 auf, weil hier 19.917 Einheiten unterhalb des Planwerts verkauft wurden. Die Hauptursache für diesen Einbruch (25,4 % weniger als in der Vorperiode) liegt in dem drastischen Preisanstieg von 2.940 € (165,87 Mio. € : 56.419 Stück) in Periode 2 auf 3.150 € in Periode 3. Mit diesem großen Preisanstieg dürfte man in dem reaktionsstarken Bereich der doppelt geknickten Preisabsatzfunktion liegen.

Am Markt 2 wurden 872 Kopiergeräte mehr abgesetzt, als in der Planung veranschlagt. Der Grund für die hohen Absatzzahlen liegt im niedrigen Preis von umgerechnet 2.800 €. Diese Preisdifferenzierung ist nicht nachvollziehbar, weil die Kosten durch den Transport höher als im Inland sind.

Aufgrund der Fehlplanung am Markt 1 liegen 15.245 Kopiergeräte in der Periode 3 auf dem Lager, siehe hierzu auch die Aufgabe d) zur Produktion. Dieser Aspekt wirkt auf die Periode 4, wenn die Nachfolge-Generation des Copy Classic Generation 1 am Markt angeboten wird. Da beide Produkte nicht zeitgleich angeboten werden können, muß der Start der neuen Generation verschoben werden oder der hohe Lagerbestand von Generation 1 kann nur mit geringen Erlösen oder gar nicht verwertet werden.

Zu d)

Die tatsächliche Produktionsmenge von 68.200 Mengeneinheiten hätte nicht gereicht, um die vom Vertrieb geplanten Verkaufsmengen in Höhe von insgesamt 72.000 Kopierern zu liefern. Der Grund dafür liegt in der unzureichenden Ausstattung der Fertigung mit Maschinen. Da offensichtlich keine Investitionen getätigt wurden, siehe hierzu im Aufgabenteil b), wurde die Produktion bei Erreichen der Kapazitätsgrenze von 68.200 Mengeneinheiten (entspricht 110 %) gestoppt.

Durch die Drosselung der Produktion aufgrund der unzureichenden Maschinenausstattung waren die Mitarbeiter nicht vollständig ausgelastet. Hier liegt aber ein Folgefehler aufgrund der Fehlplanung der Maschinenkapazität vor.

Der hohe Lagerbestand ist nicht der Produktion anzulasten. Ursächlich für den hohen Lagerbestand ist die Fehlplanung im Vertrieb, hier insbesondere die Absatzplanung auf Markt 1. Durch die Fehlplanung in der Produktion wurde weniger hergestellt als geplant. Dieser Fehler wirkt sich jetzt positiv auf den Lagerbestand aus, weil dieser sonst bei richtiger Produktionsplanung höher gewesen wäre.

Der niedrige Produktivitätsindex I ist auf die große Anzahl an neuen Mitarbeitern (gesunkener Einarbeitungsindex) zurückzuführen. Der gestiegene Produktivitätsindex II hat seine Ursache in der hohen kumulierten Fertigungsmenge des Unternehmens.

Die erhöhten Herstellkosten haben ihre Ursache in der Unterauslastung des Personals und der Überauslastung der Maschinen (Fixkosten in Höhe von 2,5 Mio. € aufgrund der Überschreitung der Auslastungsgrenze von 100 %).

Die um 393 € gestiegenen Selbstkosten begründen sich aus der Verteilung der Vertriebs- und Verwaltungskosten auf eine geringe Anzahl an verkauften Produkten (hier insbesondere auf dem Markt 1).

4 Integration von Planspielen in die Lehre

4.1 Lehrkonzepte

4.1.1 Einsatzgebiete und Modulbeschreibung

Der Einsatz von Planspielen an unserer Hochschule erfolgt hauptsächlich im Fachbereich Wirtschaft, findet sich aber auch in den Fachbereichen Ingenieurwesen und Gesundheit. In den letztgenannten Fachbereichen werden mit dem Planspiel betriebswirtschaftliche Einblicke vermittelt.

Aktuell wird im Fachbereich Wirtschaft das Planspiel General Management in den Studiengängen Betriebswirtschaft, Wirtschaftsrecht und Wirtschaftsinformatik eingesetzt. Das eher strategisch ausgerichtete Planspiel Going Global kommt in Master-Studiengängen der Betriebswirtschaft und des Wirtschaftsrechts zum Einsatz. Für Studierende im Fachbereich Gesundheit steht das Planspiel Hospital Management zur Verfügung. Alle aktuell eingesetzten Planspiele sind cloudbasiert.

Da die Hochschule neben den Vollzeitstudiengängen auch berufsbegleitende Studiengänge anbietet, unterscheiden sich die Seminarkonzepte. Auf die Unterschiedlichkeit wird bei den folgenden Darstellungen der Seminarverläufe näher eingegangen.

Die Hochschule publiziert umfangreiche Informationen zu den angebotenen Studiengängen. Darunter finden sich auch die Modulbeschreibungen, die über regelmäßige Akkreditierungen ständig aktuell gehalten werden. Beispielhaft finden Sie hier eine Modulbeschreibung für das Modul „Management" im Bachelor-Studiengang Betriebswirtschaftslehre, bei dem im vierten Fachsemester das Planspiel General Management durchgeführt wird. Diese Modulbeschreibung ist adäquat auf das Planspiel ausgerichtet. In den Lernergebnissen und Kompetenzen spiegeln sich die Kenntnisse und Fähigkeiten wider, die durch das Planspiel erlangt werden sollen.

Die Benotung für das Planspiel wird über die Bewertung der Planspielleistung im Sinne einer Projektarbeit ermittelt, vgl. hierzu die Ausführungen im Kapitel 4.3 Bewertung von Planspielleistungen. Mit einer Projektarbeit sollen gemäß der Prüfungsordnung unserer Hochschule folgende mit den Aktivitäten im Planspiel vergleichbare Fähigkeiten nachgewiesen werden:
- Teamarbeit;
- Entwicklung, Durchsetzung und Präsentation von Konzepten;
- Ziele an einer größeren praxisbezogenen Aufgabe definieren;
- interdisziplinäre Lösungsansätze finden.

https://doi.org/10.1515/9783110686111-004

Die Projektarbeit ist dabei immer eine Gruppenarbeit. Da jedoch bei Gruppenarbeiten eine individuelle Leistung der Studierenden nicht sicher feststellbar ist, bietet es sich an, ab einer bestimmten Gruppengröße die Projektarbeit durch eine Klausur oder eine mündliche Prüfung zu ergänzen. Beide Teilprüfungen sind dann für sich zu bestehen, um das Modul erfolgreich abzuschließen.

			Management					**ModulID** **5 MG 03**
Nr.	**Workload**	**Credit Points**	**Studien-semester**	**Häufigkeit**	**Sem.**	**Dauer**	**Art**	**Q-Niveau**
	150 h	6	4.	halbjährlich	WS/SoSe	1 Sem.	Pflicht	B.A.
1	**Lehrveranstaltungsart**	**Kontaktzeit**	**Selbst-studium**	**Lehrformen** **(Lernformen)**		**gepl.** **Gruppengr.**		**Sprache**
	Sem. Unterricht	4 SWS/60 h	90 h	Vortrag, Gruppen-arbeit, Planspiel, ggf. Fallstudie		30-35		deutsch
2	**Lernergebnisse (learning outcomes)/Kompetenzen** Mit dem erfolgreichen Absolvieren des Moduls verfügen die Studierenden über die folgenden Kenntnisse und Fähigkeiten: • Sie können betriebswirtschaftliche Zusammenhänge ganzheitlich darstellen. • Sie können Strategien, Zielen und konkrete Maßnahmen zur Sicherung der Wettbewerbsfähigkeit eines Unternehmens in einem dynamischen Umfeld festlegen und verfolgen. • Sie können betriebswirtschaftliches Zahlenmaterial verstehen und in praxisbezogene Entscheidungen umsetzen. • Sie sind in der Lage, mit komplexen Entscheidungen unter Unsicherheit umzugehen. • Sie können Entscheidungsfindung im Team zeiteffizient organisieren. • Sie sind in der Lage, bereichsübergreifendes Denken und Handeln zu erproben und zu beherrschen. • Sie können Probleme strukturiert lösen.							
3	**Inhalte** Die Veranstaltung thematisiert Entscheidungsfragen auf Unternehmensleitungsebene zu Themen wie Produkt- und Marktentwicklung, Umfeldanalysen, Konkurrenzbeobachtung, Mitarbeiterführung, Produktionssteuerung, Finanzierung, Investition und Rechnungswesen. Dazu erarbeiten die Studierenden in Gruppen tragfähige Entscheidungen in obigen Themenfeldern.							
4	**Teilnahmevoraussetzungen** Empfohlen werden grundlegende Kenntnisse der Allgemeinen Betriebswirtschaftslehre, möglichst Kenntnisse in Investition/Finanzierung, Rechnungswesen, Absatz und Produktion.							
5	**Prüfungsgestaltung** Kombination aus Projektarbeit und Klausur oder mündliche Prüfung							
6	**Voraussetzung für die Vergabe von Credit Points** Bestehen der Modulprüfung							
7	**Verwendung des Moduls** (in folgenden Studiengängen): Betriebswirtschaftslehre (B.A.)							
8	**Modulbeauftragte/r** Prof. Dr. Burchert, Prof. Dr. Schneider							
9	**Sonstige Informationen** -							

Abb. 4.1: Beispiel einer Modulbeschreibung

Der Arbeitsaufwand ergibt sich aus den Kontaktzeiten und der Selbststu-
dien-Zeit. Der hohe Anteil des Selbststudiums wird durch die Einführung ins
Planspiel, die regelmäßigen Auswertungen und Entscheidungsvorbereitungen
der Planspielperioden und die Vorbereitung auf die abschließende Klausur bzw.
mündlicher Prüfung sichergestellt.

Da das Planspiel in diesem Studiengang erst im vierten Semester belegt wird,
verfügen die Studierenden über ausreichende betriebswirtschaftliche Kenntnisse
für die Einarbeitung in das Planspiel.

Im folgenden finden Sie verschiedene unsererseits bereits erprobte Lehr-
konzepte. Diese spiegeln den Ablauf eines solchen Planspiels im Rahmen einer
wöchentlichen Lehrveranstaltung, eines Ein-Wochen-Blockes oder einer geteilten
Blockveranstaltung in Verbindung mit blended-learning-Einheiten. Bei den wöchentlichen Lehrveranstaltungen gehen wir auch auf die durch die Corona-Pandemie entwickelte online-Variante oder distance-learning-Variante ein. Einblick
in die Nutzung des Planspiels im Rahmen des Hochschul-Marketing runden die
Ausführungen in diesem Kapitel ab.

4.1.2 Wöchentlich stattfindende Lehrveranstaltungen

Die oben dargestellte Modulbeschreibung bezieht sich auf eine wöchentlich statt-
findende Lehrveranstaltung über ein Semester. Pro Woche stehen vier Semesterwochenstunden für das Planspiel zur Verfügung. Insofern ein Semester zwischen
12 und 14 Wochen aufweist, paßt ein Planspiel über acht Entscheidungsrunden
ergänzt um entsprechende vor- und nachbereitende Lehrveranstaltungen gut in
ein Studiensemester.

Ein erfolgreiches Planspiel erfordert eine gründliche Einführung. Dazu wird
das Teilnehmerhandbuch den Studierenden vorab auf einer Lernplattform zur
Verfügung gestellt. Fragen zum Teilnehmerhandbuch werden in den ersten beiden Semesterwochen über die Einführungspräsentation und einer Übungsaufga-
be zum Einstieg in die Planspielsoftware, vgl. Abschnitt 4.2, geklärt. Organisatorische Aspekte wie die Bildung der Spielgruppen und die Verteilung der User und
Paßwörter für den Zugang zum Planspiel in der Cloud gehören auch in die Vorbereitungsphase.

Direkte im Anschluß an die Vorbereitungsphase hat sich die Durchführung
einer Probe-Entscheidungsrunde als überaus hilfreich für die Studierenden erwiesen. Neben technischen Aspekten wie z. B. der Speicherung der Entscheidungen lernen die Studierenden über diese nicht gewertete Proberunde insbesondere
die komplexe Wirkungsweise des Marketing-Mixes kennen. Ebenso erfahren die
Studierenden wie eine übliche Auswertung der Ergebnisse einer Entscheidungs-

runde erfolgt, und wo sie die Daten ihres Unternehmens im Berichtswesen der Planspielsoftware selber finden können. Die in der Planungssoftware eingerichtete Möglichkeit des Zurücksetzens von Entscheidungen unterstützt eine solche vorbereitende Lerneinheit.

Nach der Einführung werden im wöchentlichen Rhythmus die Spielperioden durchgeführt. Dabei stehen die Seminarleiter zu 50 % der Kontaktzeit den Spielgruppen als Coach zur Verfügung. Die restliche Kontaktzeit dient der Analyse der gespielten Periode und der Präsentation der Marktergebnisse durch den Seminarleiter im Plenum. Flankierend zu einer periodenbezogenen Auswertung werden zudem noch Schwerpunkte aus dem Planspiel (z. B. Einkauf, Fertigung, Finanzen, Wertanalyse oder Wertorientierung) aufgegriffen und anhand von Beispielaufgaben und -rechnungen verdeutlicht. Wenn es die Länge eines Semesters hergibt, können solche planspielbezogenen Lehreinheiten auch Gegenstandes eines gesamten Vier-Stunden-Blockes einer Semesterwoche sein.

Je nach Stimmung in der Gruppe und abhängig vom Zeitvolumen kommt es vor, daß wir die letzte Entscheidungsrunde mit einer Besonderheit versehen. In Ergänzung der gesicherten Ergebnisse könnte man jeder Unternehmensgruppe die Möglichkeit einräumen, z. B. zwei der getroffenen Entscheidungen zu korrigieren, um die erreichten Ergebnisse letztmalig zu verbessern und das bessere der beiden Ergebnisse in die Bewertung der Planspielleistung, vgl. Abschnitt 4.3, einfließen zu lassen. Nachdem alle Spielperioden absolviert sind, erfolgt eine Gesamtreflexion des Planspiels und ein Ausblick auf die noch ausstehende Teilprüfung Klausur bzw. mündliche Prüfung.

Gute Erfahrungen liefert ein kompakter vierstündiger Unterrichtsblock, bei dem zwischen Coaching der Gruppen und der Auswertung mit den Teilnehmern eine ausreichende Pause für Spielleiter zur Berechnung der Ergebnisse der Spielperiode besteht. Die Studierenden schätzen die konzentrierte Einheit und die zeitliche Nähe zwischen ihren Entscheidungen und den Ergebnissen. In einigen Lehrveranstaltungen gab es seitens der Studierenden auch die Anregung, das Coaching und die Auswertung zeitlich zu entzerren. Als Grund dafür führten die Studierenden an, daß sie bei der kompakten Variante aus den Impulsen des Coachings nicht mehr genügend Zeit für Veränderungen ihrer vorbereiteten Entscheidungen haben. Insofern ist eine zeitliche Entzerrung von Coaching und Auswertung durchaus überlegenswert.

online-Lehre oder distance-learning
Aufgrund der Corona-Pandemie fanden an der FH Bielefeld das Sommersemester 2020 und das Wintersemester 2020/21 nur online per Videokonferenzen statt. Das Planspiel konnte überaus erfolgreich auf die online-Lehre umgestellt werden,

weil für den Zugriff auf das Planspiel in der Cloud lediglich eine stabile Internet-verbindung seitens der Studierenden erforderlich ist.

Die Kommunikation mit den Studierenden wurde durch eine Konferenz-Soft-ware, die von der Hochschule seit April 2020 zur Verfügung steht, unterstützt. Für die Gesamtgruppe erfolgte die Anlage eines Plenums-Meetings. Jede studentische Unternehmensgruppe war selbst dafür zuständig, sich ein entsprechendes Grup-pen-Meeting anzulegen.

Im Plenums-Meeting wurden im Rahmen der Einführung der grundlegen-den Planspielinhalte (z. B. Teilnehmer-Handbuch, Planspielsoftware) gemeinsam mit allen Teilnehmern erarbeitet. Die Analysen der einzelnen Planspielperioden durch den Spielleiter wurden ebenfalls in diesem Meeting durchgeführt. Der Auswertung war für alle Teilnehmer durch die Freischaltung des Spielleiterbild-schirms einsehbar.

Die Gruppen-Meetings dienten den Teilnehmern als Arbeitsräume zum Aus-arbeiten und Treffen der Entscheidungen für die jeweiligen Spielperioden. Auch hier war es so, daß ein Gruppenmitglied seinen Bildschirm mit der Teilnehmer-software des Planspiels für die anderen Mitglieder zugänglich machte. Bei Nach-frage oder nach Vereinbarung konnte der Spielleiter die Gruppen durch Zutritt zu den Gruppen-Meetings coachen.

Ergänzt wurde das Konzept durch die Einstellung von Lehr- und Informati-onsmaterial in der Lernplattform der Hochschule. Ein besonderer Nutzen für die Studierenden erzielten hierbei kleine Video-Tutorials zu verschiedenen Aspekten des Planspiels.

Die online-Lehre des Planspiels machte die Studierenden unabhängig von Zeit und Raum der Hochschule. Lediglich die Coaching- und Auswertungspha-se durch den Spielleiter waren zeitlich festgelegt. Die Studierenden konnten sich nach Belieben in ihren Meetings treffen und am Planspiel arbeiten. Eine Schlie-ßung des Planspiels fand regelmäßig nur einmal in der Woche während der Be-rechnung und Auswertung für ca. zwei Stunden statt.

Die Studierenden gaben an, drei bis fünf Stunden pro Woche zusammen an den Entscheidungen der jeweiligen Perioden zu arbeiten. Dieser Arbeitsaufwand bezogen auf das Planspiel liegt deutlich höher als in vergleichbaren Präsenzein-heiten des Planspiels. Dieser erhöhte Einsatz wurde möglich, weil die sonst an-fallenden Aufgaben im Rahmen der Organisation der Treffen zwischen den Stu-dierenden (Wegezeiten und Raumbuchungen) wegfallen und eine ausschließli-che Konzentration auf das Planspiel möglich wird.

In der Tendenz zu mehr Home-Office in der Wirtschaft wird auch die Hoch-schule nach der Corona-Pandemie ein verstärktes Lehrangebot in der online-Vari-ante bereitstellen. Die Bearbeitung eines Planspiels wird unserer Einschätzung nach dazugehören und zukünftig auch in der online-Version unterbreitet werden.

4.1.3 Veranstaltung als ein Ein-Wochen-Block

Für unsere berufsbegleitenden Studierenden, die ihre Präsenzeinheiten an Samstagen haben, hat sich aus den Erfahrungen ein Blockseminar über eine Woche als überaus geeignet erwiesen. Dazu treffen wir uns kurz vor dem offiziellen Semesterstart am Montagmorgen in einem Bildungszentrum außerhalb der Hochschule mit Übernachtungs- und Verpflegungsmöglichkeit. Die Studierenden schätzen den abgelegenen Ort vor allem wegen der guten Atmosphäre. Ein überwiegender Teil nimmt die Übernachtungsmöglichkeit wahr, so daß hier bis in den Abend hinein miteinander gearbeitet werden kann.

Der frühe Waldlauf am Morgen ist fakultativ und wird von den sportlich orientierten Teilnehmern und denen, die es werden möchten, gerne angenommen. Als Bonus für die Teilnahme am Waldlauf erhalten die Planspiel-Unternehmen eine Zuführung in das Eigenkapital ihres Unternehmens in Höhe von 1 Mio. €. Diese Maßnahme entfacht zwar am Anfang großes Interesse, im Verlauf des Planspiels erkennen die Teilnehmer jedoch, daß die Wirkung auf den Planspielerfolg recht gering ist. Insofern verbleiben ab dem zweiten oder dritten Waldlauf nur noch die überzeugten Frühaufsteher mit morgendlichem Bewegungsdrang.

Die Teilnehmer erhalten vor dem Seminar die Teilnehmer-Handbücher mit der Aufforderung bereitgestellt, diese zu lesen. Ein richtiger Einstieg mit entsprechenden Fragen erfolgt jedoch erst mit der praktischen Beschäftigung in der Probeperiode am Montagvormittag. Dabei geht es vor allem um den sicheren Umgang mit der Teilnehmersoftware und mit der Planungshilfe. Entsprechende Übungen zum Einstieg in das Planspiel finden Sie in Kapitel 4.2 in diesem Buch.

Für die Entscheidungen haben die Gruppen anderthalb bis zwei Stunden Zeit. Bei Bedarf unterstützt die Spielleitung die Gruppen durch Coaching. Bei dem eng getackteten Zeitplan geraten Gruppen unter Streß, wenn der Entscheidungsprozeß unstrukturiert abläuft und das Zeitmanagement nicht funktioniert (siehe hier Kapitel 2.1 in diesem Buch).

Durch die hohe Belastung der Gruppen während der Seminarwoche hat sich eine direkte Klausur im Anschluß an die Woche als Überforderung erwiesen (siehe Abb. 4.2). Aufgrund der Rückmeldungen der Studierenden ist es optimal, wenn die Klausur mit Abstand von acht Tagen am darauffolgenden Samstag geschrieben wird. Dieser Termin ermöglicht zum einen für die Teilnehmer eine Erholungsphase. Zum anderen liegt dieser Termin noch nah genug am Planspiel, so daß die Vergessensquote des Gelernten möglichst gering ausfällt.

Ein weiteres Element in dieser überaus kompakten Seminarform besteht in dem Arbeitsauftrag an die Gruppen, einen Geschäftsbericht im Umfang von 40 bis 50 Seiten zu verfassen. Zu Vorbereitung dient dazu ein Abendvortrag (hier Dienstagabend). In diesem Vortrag präsentieren die Gruppen aus dem vorheri-

Unternehmensplanspiel-Woche Haus Neuland (09.03. - 13.03.2020)

UHRZEIT	Montag 09.03.2020	Dienstag 10.03.2020	Mittwoch 11.03.2020	Donnerstag 12.03.2020	Freitag 13.03.2020	Samstag 21.03.2020
ab 07:30	Anreise	Frühstück	Frühstück	Frühstück	Frühstück	
08:30 - 10.30 Uhr	Einführung ab 9.00 Uhr	Entscheidungen Periode 2	Entscheidungen Periode 4	Entscheidungen Periode 6	Entscheidungen Periode 8	09:00 - 10:30 Uhr Klausur FH Bielefeld Raum B3
10:30 - 11.00 Uhr		Pause	Pause	Pause	Pause	
11:00 - 12.30 Uhr	Entscheidungen Übungs-Periode	Analyse Periode 2	Analyse Periode 4	Analyse Periode 6	Analyse Periode 8	
12:30 - 13.30 Uhr	Mittagessen	Mittagessen	Mittagessen	Mittagessen	Mittagessen	
13:30 - 15.30 Uhr	Analyse Übungs- Periode	Entscheidungen Periode 3	Entscheidungen Periode 5	Entscheidungen Periode 7	Klausur-Coaching	
15:30 - 16.00 Uhr	Pause	Pause	Pause	Pause		
16:00 - 17.30 Uhr	Entscheidungen Periode 1	Analyse Periode 3	Analyse Periode 5	Analyse Periode 7	Abreise	
17.30 - 18.30 Uhr	Abendessen	Abendessen	Abendessen	Abendessen		
18:30 - 19.30 Uhr	Analyse Periode 1	Vorträge Geschäftsberichte	Infotermin Bachelor-Thesis Herr Zeidler	Klausur-Coaching		
ab 20:00	Hausbar geöffnet	Hausbar geöffnet	Hausbar geöffnet	Hausbar geöffnet		

Legende: Speiseraum — Hauptseminarraum — Gruppenräume

Abb. 4.2: Beispiel einer Wochen-Planung

gen Semester ihre Geschäftsberichte. Alternativ konnten in der Vergangenheit auch Führungskräfte aus dem Unternehmensbereich Investor Relation gewonnen werden, die den Studierenden auf anschauliche Weise zeigten, worauf man beim Abfassen eines Geschäftsberichts achten sollte. Die Geschäftsberichte werden nach Absolvieren des Planspiels semesterbegleitend über einen Zeitraum von 8 bis 10 Wochen als Gruppenarbeit angefertigt. Durch die Berichte reflektieren die Studierenden das Planspiel mit zeitlichem Abstand noch mal vollständig. Selbstverständlich ist dabei, daß der Zugriff auf die Berichte des Planspiels während der Erstellung der Geschäftsberichte vollumfänglich in der Cloud sichergestellt ist.

Abb. 4.3: Beispiele für Geschäftsberichte

4.1.4 Geteilte Blockveranstaltung mit blended-learning-Einheiten

Infolge der Corona-Pandemie konnten auch die Ein-Wochen-Blöcke nicht in Präsenzform durchgeführt werden. Das oben beschriebene einwöchige Blockseminar wurde dementsprechend auf zwei Wochenenden und mit dazwischenliegenden eigenständigen blended-learning-Einheiten in einer online-Variante umgewandelt, vgl. den folgenden Seminarplan (siehe Abb. 4.4 und 4.5).

Die Rückmeldungen der Studierenden zu dieser Seminargestaltung waren durchweg positiv. Bei der langen Pause zwischen der ersten Einheit im November und der zweiten Einheit im Januar kritisierten die Teilnehmer, daß es trotz der zwischengeschalteten blended-learning-Einheiten im Dezember und Januar schwer war, sich wieder in das Planspiel hineinzufinden. Zudem wünschten sich die Studierenden für die blended-learning-Einheiten eine Spielanalyse durch den Seminarleiter, weil sich durch entsprechende Hinweise Fehler in der Analyse der Daten und Planung der nächsten Entscheidungen vermeiden ließen.

Erster „Präsenz"-Block:

Freitag, 13.11.2020:		
16:00 – 17:30 Uhr	Zoom-Meeting im Plenum	Einführung in Spiel und Technik, Gruppenbildung
17:30 – 18:30 Uhr	Zoom-Meeting in Gruppen/Plenum	Testperiode, Entscheidung und Analyse
18:30 – 19:00 Uhr	Zoom-Meeting in Gruppen	Entscheidung Periode 1
19:00 – 20:00 Uhr	Zoom-Meeting im Plenum	Analyse Periode 1
Samstag, 14.11.2020:		
09:00 – 10:30 Uhr	Zoom-Meeting in Gruppen	Entscheidungen Periode 2
10:30 – 11:00 Uhr	Zoom-Meeting im Plenum	Analyse Periode 2
11:00 – 12:00 Uhr	Zoom-Meeting in Gruppen	Entscheidungen Periode 3
12:00 – 13:00 Uhr		**Pause**
13:00 – 14:00 Uhr	Zoom-Meeting in Gruppen	Entscheidungen Periode 3 - Fortsetzung
14:00 – 14:30 Uhr	Zoom-Meeting im Plenum	Analyse Periode 3

Blended-Learning-Phase:

Donnerstag, 10.12.2020, 24 Uhr: Schließung Planspiel für die Entscheidungen der Periode 4
Freitag, 11.12.2020, 12 Uhr: Öffnung Planspiel für die Entscheidungen der Periode 5
Donnerstag, 14.01.2021, 24 Uhr: Schließung Planspiel für die Entscheidungen der Periode 5
Freitag, 15.01.2021, 12 Uhr: Öffnung Planspiel für die Entscheidungen der Periode 6

Abb. 4.4: Beispiel einer geteilten Wochenend- und online-Version (I)

Zweiter „Präsenz"-Block:

Freitag, 15.01.2021:		
16:00 – 17:30 Uhr	Zoom-Meeting in Gruppen	Entscheidungen Periode 6
17:30 – 18:30 Uhr	Zoom-Meeting im Plenum	Analyse Periode 6
18:30 – 20:00 Uhr	Zoom-Meeting in Gruppen	Entscheidungen Periode 7
Samstag, 16.01.2021:		
09:00 – 09:30 Uhr	Zoom-Meeting im Plenum	Analyse Periode 7
09:30 – 11:00 Uhr	Zoom-Meeting in Gruppen	Entscheidungen Periode 8
11:00 – 11:30 Uhr	Zoom-Meeting im Plenum	Analyse Periode 8
11:30 – 12:00 Uhr	Zoom-Meeting im Plenum	Planspielnoten
12:00 – 13:00 Uhr		**Pause**
13:00 – 15:00 Uhr	Zoom-Meeting im Plenum	Prüfungsvorbereitung

Abb. 4.5: Beispiel einer geteilten Wochenend- und online-Version (II)

4.1.5 Einsatz im Rahmen des Hochschul-Marketings

In der Außendarstellung der Hochschule und des Fachbereichs werden Planspiele eingesetzt, um die Lehrinhalte der Betriebswirtschaftslehre in einer attraktiven und anschaulichen Weise einer Zielgruppe, wie z. B. Abiturienten, näherzubringen.

So konnten vereinfachte Auszüge aus dem Planspiel General Management am „Tag der offenen Tür" der Hochschule den Besuchern in einer Lehreinheit von 45 Minuten vermittelt werden. Dabei treffen die Besucher unter Anleitung von Studierenden in einem engen und überschaubaren Rahmen Entscheidungen, deren Auswirkungen dann in einer Auswertung offengelegt wurden. Die Besucher sind regelmäßig von dem hohen Anwendungsgrad überrascht und äußern sich überwiegend positiv zum Einsatz des Planspiels.

Ähnlich wie am „Tag der offenen Tür" wird das Planspiel auch bei Besuchen von Schulen vor Ort eingesetzt. Mit dem Planspiel läßt sich sehr anschaulich die Bandbreite eines Studiums der Betriebswirtschaftslehre verdeutlich. Die sich an das Planspiel anschließende Diskussion zu Themen der Betriebswirtschaftslehre verläuft durch den Einblick in ein Planspiel-Unternehmen strukturierter und fundierter.

4.2 Einstieg in das Planspiel

4.2.1 Vorbemerkungen

Diese Aufgabe eignet sich, um nach der intensiven Vorbereitung durch das Teilnehmer-Handbuch einen Einblick in die Handhabung der Teilnehmer-Software zu bekommen. In unseren Planspielen stellen wir den Teilnehmern regelmäßig die Planungshilfe im Teilnehmersystem zur Verfügung. Mit dieser Planungshilfe können die Teilnehmer ihre Entscheidungen testen. Nach unserer Erfahrung erfordert der sichere Umgang mit dem Tool allerdings ein vorheriges Üben, damit in den „echten" Spielperioden sowohl die Simulation als auch die Übernahme der Daten in die Entscheidungen sicher laufen. Sie finden nachfolgend entsprechende Übungen zum Umgang mit der Teilnehmer-Software (Dauer ca. 45 Minuten). Diese Übung können sowohl Gruppen als auch einzelne Teilnehmer durchführen.

4.2.2 Die Aufgaben für den Einstieg ins Planspiel

Die an die Studierenden gerichteten Aufgaben sind:
a) Nehmen Sie mit den bereitgestellten Login-Daten (eine fiktive User-E-Mail-Adresse und ein Paßwort) einen Login ins Planspiel über die unten abgebildete Anmeldeseite vor. Sie finden diese Seite unter https://cloud.topsim.com. Nach dem erfolgreichen Login und dem Start des Spiels haben Sie nur beim ersten Anmelden die Datenschutzerklärung zu bestätigen und das Intro zu lesen. Dann kann es losgehen.

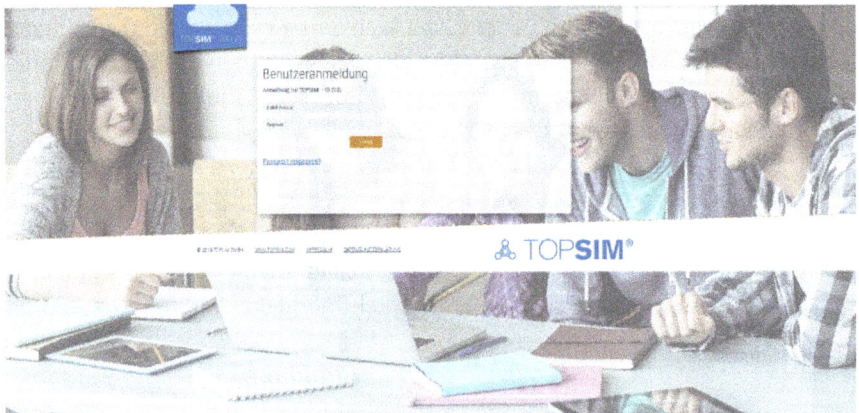

Abb. 4.6: Start-Bildschirm der TOPSIM-cloud

b) Verschaffen Sie sich einen Überblick über die Inhalte der oben links auf dem Bildschirm angezeigten Reiter „Infohub, Wirtschaftsnachrichten, Diagramme, Berichte und Entscheidungen".

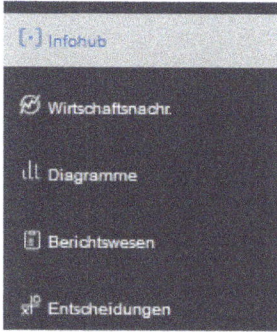

Abb. **4.7:** Bildschirm-Ausschnitt mit den wählbaren Rubriken

vorher:

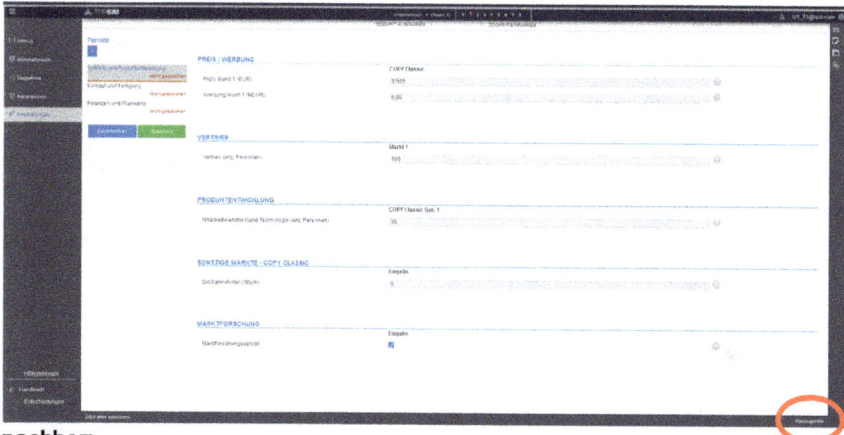

nachher:

Abb. 4.8: Bildschirm-Ansicht beim Wechsel in die Planungshilfe

c) Wechseln Sie anschließend im Feld Entscheidungen in die Planungshilfe, und achten Sie dabei auf die Veränderung in der Fußzeile Ihrer Bildschirmanzeige (siehe Abb. 4.8).

d) Schauen Sie sich alle voreingestellten Planwerte der Periode 1 an.

e) Ist die voreingestellte Menge des geplanten Absatzes unter Berücksichtigung der Wirtschaftsprognose für eine Simulation brauchbar?

f) Führen Sie eine Simulation mit den voreingestellten Planwerten durch. Dazu haben Sie zunächst die Werte im Szenario 1 abzuspeichern. Kontrollieren Sie dann die KPI's der simulierten Planperiode? Sind Sie mit dem Planentwurf zufrieden?

g) Wechseln Sie in das Szenario 2 und führen Sie eine weitere Simulation mit folgenden Rahmendaten durch:

Plan-Absatzmenge Markt 1:   46.000 ME
Absatzmenge Großabnehmer: 4.000 ME
Produktionsmenge: 41.000 ME

Achten Sie bei Ihren Simulationen auf die Auslastung der Mitarbeiter, die unterhalb der 100 % liegen sollte.

h) Übernehmen Sie die Plandaten des überzeugenderen Szenarios in die Entscheidungsdaten.

4.2.3 Erläuterungen zu den Aufgaben

Zu a): Der Erstlogin stellt für Teilnehmer, die entsprechende Erfahrungen mit Anmeldungen im Internet mitbringen regelmäßig keine Probleme dar. Da es hier um einen abzuarbeitenden Auftrag handelt, ist der erfolgreiche Login das Ergebnis dieser ersten Übung.

Zu b): Über diesen Arbeitsauftrag lernen die Teilnehmer ihre zukünftige Arbeitsumgebung kennen und wissen, wo entsprechende Informationen zu finden sind.

Zu c): Diese Übung macht deutlich, daß sich die Planungshilfe in einem anderen Zweig des Teilnehmersystems befindet. Nach unseren Erfahrungen verwechseln die Teilnehmer die Eingaben in der Entscheidungsmaske gerade zu Beginn des Planspiels häufig mit den Eingabefeldern in der Planungshilfe. Ein linker Mausklick auf das Wort „Planungshilfe", vgl. im Teil „vorher" der Kreis, und diese öffnet sich. Erkennbar wird dies an der auf dem Bildschirm veränderten Fußzeile, vgl. „nachher" (siehe Abb. 4.8).

Zu d): Hier besteht die Aufgabe darin, die drei Entscheidungsfelder „Vertrieb und Produktentwicklung", „Einkauf und Fertigung" und „Finanzen und Planwerte" mit den entsprechend voreingestellten Werten kennenzulernen.

Die voreingestellte Planabsatzmenge von 50.000 Kopierern stammt aus der Vorperiode. Diese Menge erscheint unter Berücksichtigung der Informationen aus den Wirtschaftsnachrichten für die Periode 1 sehr hoch, weil in der Vorperiode die tatsächliche Absatzmenge bei 43.000 Kopierern lag und das prognostizierte Marktwachstum bei 3 bis 5 % liegen soll.

Zu e):   Vollkommen unrealistisch ist eine derart hohe Planabsatzmenge nicht, wenn durch einen offensiven Marketing-Mix (Preissenkung, Werbe-Etaterhöhung, Technologie-Index-Steigerung und Erhöhung der Zahl der Vertriebsmitarbeiter) entsprechende Maßnahmen seitens der neuen Unternehmensleitung vorgenommen werden.

Zu f):   Nach erfolgreicher Simulation der voreingestellten Planwerte zeigt das Teilnehmersystem folgende Kennzahlen:

	Planwerte	Vorperiode
Periodenüberschuss/ -fehlbetrag	10,91 MEUR	6,52 MEUR
Absatz COPY Classic Markt 1	49.000 Stück	43.000 Stück
Herstellkosten COPY Classic	2.085,48 EUR/Stück	2.059,20 EUR/Stück
Selbstkosten COPY Classic	2.616,27 EUR/Stück	2.676,53 EUR/Stück
Auslastung Fertigungsmitarbeiter	99,6 %	99,7 %
Auslastung Fertigungsanlagen	95,2 %	95,2 %
Kassenbestand	0,10 MEUR	0,10 MEUR
Überziehungskredit	7,74 MEUR	43,37 MEUR
Eigenkapitalrendite	34,61 %	26,10 %

Abb. 4.9: Die KPI's der ersten Simulation

Auf den ersten Blick sind die Kennzahlen zufriedenstellend. Vor allem konnte das Periodenergebnis von 6,52 Mio. € auf 10,91 Mio. € gesteigert werden, ein Umstand der sich auch in der starken Steigerung der Eigenkapital-Rentabilität widerspiegelt.

Bei näherer Betrachtung fällt zunächst auf, daß die Absatzmenge am Markt 1 nur bei 49.000 Kopierern liegt, die Planabsatzmenge jedoch bei 50.000 Mengeneinheiten lag. Der Grund dafür liegt in der zur Verfügung stehenden Menge an Kopierern in dieser Periode: Es wurden 40.000 Kopierer hergestellt und mit den 9.000 auf Lager liegenden Geräten standen somit nur 49.000 verkaufsfähige Produkte zur Verfügung. Hier liegt also eine erste Fehlplanung zwischen Absatz-, Lager- und Produktionsmenge vor.

Die sinkenden Herstell- und Selbstkosten sind auf die höheren Stückzahlen zurückzuführen. Die Auslastungen der Fertigungsmitarbeiter und der Fertigungsanlagen könnten noch optimiert werden, sind aber grundsätzlich zufriedenstellend.

Der Kassenbestand und der Überziehungskredit sagen momentan noch nicht viel aus, da die Entscheidungen im Finanzbereich noch nicht freigeschaltet sind. Die Eigenkapitelrendite ist, wie bereits erwähnt, mit der Steigerung überaus zufriedenstellend.

Anzumerken ist allerdings, daß das Planungssystem entsprechende Ergebnisse aufgrund der Absatzerwartung der Unternehmensleitung berechnet. Sobald diese Erwartungen nicht erfüllt werden, sinken der Periodenüberschuß und die Eigenkapitalrendite. Die Selbstkosten und der Überziehungskredit dürften steigen.

Zu g): Die Herausforderung bei diesem Arbeitsauftrag liegt in der richtigen Bemessung der Anzahl der Fertigungsmitarbeiter. Neben dem Ausgleich der Fluktuation wirkt hier insbesondere der Einarbeitungs-Index durch die vermehrten Neueinstellungen. Hier werden die Teilnehmer nur durch Schätzungen und Durchführung mehrerer Simulationen ein gutes Planungsergebnis erzielen können.

Eine Planung nahe dem Optimum sieht die Einstellung von 89 Fertigungsmitarbeitern vor. Damit lassen sich dann folgende Plan-Kennzahlen über die Simulation erreichen:

	Planwerte	Vorperiode
Periodenüberschuss/ -fehlbetrag	10,34 MEUR	6,52 MEUR
Absatz COPY Classic Markt 1	46.000 Stück	43.000 Stück
Herstellkosten COPY Classic	2.103,66 EUR/Stück	2.059,20 EUR/Stück
Selbstkosten COPY Classic	2.621,00 EUR/Stück	2.676,53 EUR/Stück
Auslastung Fertigungsmitarbeiter	99,9 %	99,7 %
Auslastung Fertigungsanlagen	97,6 %	95,2 %
Kassenbestand	0,10 MEUR	0,10 MEUR
Überziehungskredit	6,45 MEUR	43,37 MEUR
Eigenkapitalrendite	32,80 %	26,10 %

Abb. 4.10: KPI's der optimierten Ausgangssituation

Interessant und hilfreich ist es für die Teilnehmer, wenn sie die spezifischen Berichte der Planperioden aufrufen. Bei der Bemessung der richtigen Anzahl der Fertigungsmitarbeiter liefert der Fertigungsbericht mit den Angaben zur Auslastung des Fertigungspersonal wichtige Hinweise. In dem nachfolgenden Berichtsausschnitt ist deutlich zu erkennen, daß 837 Mitarbeiter zum Einsatz vorhanden sind, von diesen dann auch tatsächlich 836,57 Mitarbeiter eingesetzt werden und somit nur 0,43 Mitarbeiter unausgelastet sind. Damit wird die aus Kostensicht nahezu optimale Auslastung von 99,9 % erreicht.

3. AUSLASTUNG FERTIGUNG

PERSONAL

	Classic	Gesamt
		837
Einsetzbares Personal (ohne Überstunden)		
Einsetzbares Personal (inklusive Überstunden)	920,70	
Produktivität (Stück / Periode)	49,01	
Geplante Fertigungsmenge	41.000	
Tatsächliche Fertigungsmenge	41.000	
Eingesetztes Personal (inklusive Überstunden)	836,57	
Auslastung Mitarbeiter (%)		99,9

Abb. 4.11: Auszüge aus dem Fertigungsbericht

Zu h): Als letzter Schritt erfolgt die Übernahme des finalen Planungsentwurfs in die Entscheidungen. Dazu werden in der Planungshilfe im Feld „Übernehmen" die Daten in die Entscheidungen überspielt. Sind mehrere Planungsentwürfe (hier zwei) in den Szenarien erfolgreich simuliert und gespeichert, erscheint dann folgende Maske für die Teilnehmer:

Planungsergebnisse

	Vorperiode	Szenario1 Planwerte	Szenario2 Planwerte
Periodenüberschuss/ -fehlbetrag	6,52 MEUR	10,91 MEUR	10,34 MEUR
Absatz COPY Classic Markt 1	43.000 Stück	49.000 Stück	46.000 Stück
Herstellkosten COPY Classic	2.059,20 EUR/Stück	2.085,48 EUR/Stück	2.103,66 EUR/Stück
Selbstkosten COPY Classic	2.676,53 EUR/Stück	2.616,27 EUR/Stück	2.621,00 EUR/Stück
Auslastung Fertigungsmitarbeiter	99,7 %	99,6 %	99,9 %
Auslastung Fertigungsanlagen	95,2 %	95,2 %	97,6 %
Kassenbestand	0,10 MEUR	0,10 MEUR	0,10 MEUR
Überziehungskredit	43,37 MEUR	7,74 MEUR	6,45 MEUR
Eigenkapitalrendite	26,10 %	34,61 %	32,80 %

Abb. 4.12: Auswahl der Planungs- und Simulationsergebnisse

Mit der Bestätigung im Feld „Team-Entscheidung" gelangt das ausgewählte Szenario dann in die Entscheidungen. In vorliegenden Fall sollte das Szenario 2 übernommen werden, weil dieses Szenario realistischer erscheint. Das Szenario 1 mit den voreingestellten Entscheidungen enthält den Planungsfehler mit der Absatzmenge. Im Szenario 2 ist die Auslastung der Fertigungsanlagen höher und der Überziehungskredit um mehr als eine Million Euro niedriger. Zudem ist der Planabsatz im Szenario 1 mit Blick auf die Wirtschaftsnachrichten eher unwahrscheinlich. Nach der erfolgreichen Übernahme der Entscheidungen ist die Planungshilfe wieder geschlossen (erkennbar an der Fußzeile).

4.3 Bewertung von Planspielleistungen

4.3.1 Grundmodelle der Bewertung

Die Einbindung eines Unternehmensplanspiels in die Lehre an der Hochschule wirft insbesondere die Frage auf, wie die somit erworbenen Kompetenzen auf der Seite der Teilnehmer einer Bewertung zugeführt werden können. Grundsätzlich gibt es unseren Erfahrungen nach drei Überlegungen:

1. Abschließende Prüfung

Es besteht die Möglichkeit, die Planspiel-Erfahrungen ausschließlich zum Gegenstand einer abschließenden Prüfung zu machen. Dies kann eine mündliche oder schriftliche Prüfung oder Ausarbeitung sein. Mündlich könnte eine Einzelprüfung oder eine Prüfung aller Mitglieder eines Unternehmens erfolgen. Bei einer schriftlichen Prüfung wäre an eine Klausur bspw. mit den hier im Buch dargestellten Aufgaben zu denken. Eine schriftliche Ausarbeitung im Rahmen einer Hausarbeit könnte die Erstellung eines Geschäftsberichtes beinhalten, schließlich handelt es sich ja bei dem geführten Unternehmen um eine Aktiengesellschaft. Eine solche Hausarbeit läßt sich auch mit einer Präsentation im Rahmen einer „Hauptversammlung" verknüpfen.

Ähnlich dem Planspiel selbst sollte bei der Gestaltung der Prüfung auf das Abprüfen der erworbenen Handlungskompetenzen geachtet werden. Prüfungsgegenstand ist das Geschehen im Planspiel. Es bietet sich an, an den absolvierten Arbeitsschritten anzuknüpfen. Hierzu zählen u. a. Zieldefinitionen, Planungsrechnungen in Vorbereitung auf eine bevorstehende Entscheidungsrunde, die Analyse der Ergebnisse einer Entscheidungsrunde sowie das Ableiten von Maßnahmen mit Blick auf die Entscheidungen der folgenden Entscheidungsrunde. In einer Präsentation im Rahmen einer „Hauptversammlung" wäre dies alles genau so enthalten. Die Teilnehmer der anderen Unternehmen übernehmen dann die Rolle der versammelten Aktionäre.

2. Ausschließliche Bewertung der Planspielleistung

Während eine abschließende Prüfung im zeitlichen Nachgang eine erworbene Handlungskompetenz zu reflektieren und zu bewerten versucht, kann eine ausschließliche Bewertung der Planspielleistung unmittelbar am Planspielgeschehen ansetzen. Unmittelbar bedeutet hier auch zugleich, daß eine Bewertung der Planspielleistung kontinuierlich am Ende jeder einzelnen Entscheidungsperiode im Sinne einer Zwischenbewertung vorgenommen und über die noch ausstehenden Entscheidungsrunden fortgeschrieben wird, mehr und detailliert dazu im folgenden Kapitel.

3. Kombination aus beiden

Aus einem Grund empfiehlt es sich, beides miteinander zu kombinieren. Je größer die Anzahl der teilnehmenden Studierenden an einem zu steuernden Unternehmen sind, desto größer ist die Wahrscheinlichkeit, daß sich einzelne Teilnehmer im Unternehmensplanspiel zurücknehmen und die anderen arbeiten lassen. Mit einer abschließenden Prüfung können dann mögliche „Trittbrettfahrer" identifiziert und leistungsmäßig gewürdigt werden. Unseren Erfahrungen nach ist dies bei einer Gruppengröße ab vier Teilnehmern zu beobachten.

Eine solche Kombination der beiden Bewertungen bzw. Prüfungsleistungen kann auch gewichtet erfolgen. Insofern in das Planspiel deutlich mehr Zeit investiert wurde, wäre dieser Leistung auch ein höheres Gewicht beizumessen.

Tab. 4.1: Empfohlene Prüfungsformen

Teilnehmer pro Gruppe	Empfohlene Prüfungsform
1 bis 3	Ausschließliche und unmittelbare Bewertung der Planspielleistung
mehr als 3	– abschließende Prüfung – gewichtete Kombination aus unmittelbarer Bewertung der Planspielleistung und der abschließenden Prüfung

Wird die Gruppengröße auf bspw. drei oder noch weniger Teilnehmer begrenzt, kann die Prüfung auf die unmittelbare Bewertung der Planspielleistung begrenzt werden. Die Analyse der Ergebnisse einer gespielten Periode und die Vorbereitung der Entscheidungen der bevorstehenden Periode sind so arbeitsintensiv, daß sie bei drei Teilnehmern nur bewältigt werden können, wenn sich jeder beteiligt. Das „Trittbrettfahrer-Phänomen" dürfte hier nicht zu beobachten sein.

4.3.2 Unmittelbare Bewertung der Planspielleistung

Vergegenwärtigt man sich die Tatsache, daß die Betriebswirtschaftslehre als angewandte Wissenschaft seit jeher einen Beitrag zur Optimierung betrieblicher Entscheidungen liefern will, stellt sich die Frage: Wie kann der Beitrag der Betriebswirtschaftslehre in Unternehmensplanspielen, die in Form von Planungs- und Entscheidungskompetenzen der am Planspiel teilnehmenden Studierenden über die Entscheidungsperiode hinweg entstehen, gemessen und den Teilnehmern entsprechend rückgekoppelt werden?

Die unmittelbare Bewertung der Planspielleistung knüpft der zum Ende jeder Spielperiode ablesbaren Unternehmensperformance in Anlehnung an das Balanced-Scorecard-Konzept[1] an. Mit diesem Ansatz wird das Ziel verfolgt, die Teilnehmer in die Rolle zu versetzen, selbständig ihre Unternehmensziele zu definieren und ihnen die Möglichkeit einzuräumen, fortlaufend die eigene Zielerreichung zu kontrollieren. Indem bewußt auf das Balanced-Scorecard-Konzept zurückgegriffen wird, lernen die Teilnehmer zugleich mit Zielkonflikten umzugehen.

Abb. 4.13: Bewertungen und Bewertungskriterien (Quelle: Vgl. den Blogbeitrag in TOPSIM (2019).)

Die Bewertungskriterien

Die aus dem Balanced-Scorecard-Konzept entlehnten Bewertungskriterien sind: die Mitarbeiterproduktivität (in Anlehnung an die Zieldimension Interne Geschäftsprozesse), die Kundenzufriedenheit (in Anlehnung an die Zieldimension Kunden), der Aktienkurs und der Economic Value Added (in Anlehnung an die Zieldimension Finanzen). Die Mitarbeiterproduktivität bezieht sich auf den

---

1 Vgl. u. v. a. Wöhe/Döring/Brösel (2020), S. 203–205.

Copy Classic und bildet die Gesamtproduktivität ab. Die Kundenzufriedenheit wird ebenfalls bezogen auf den Copy Classic am Markt 1 gemessen.

Um auf Teilnehmerseite einerseits ein kontinuierliches Arbeiten als auch andererseits Ad-hoc-Fähigkeiten zu bewerten, sind diese vier Bewertungskriterien mit unterschiedlichen Zeithorizonten verknüpft. Während die Mitarbeiterproduktivität und der Aktienkurs zeitpunktbezogen gemessen und bewertet wird, liegt der Kundenzufriedenheit und dem Economic Value Added eine Zeitraumbetrachtung zu Grunde. Bei der Kundenzufriedenheit geht pro Unternehmen der Durchschnittswert aller Perioden in die Wertung ein. Demgegenüber wird der Economic Value Added über alle Perioden kumuliert.

Die Bewertung der Kriterien

Die Messung und Bewertung dieser Kriterien beginnt mit der ersten Entscheidungsrunde. Mit der vierten Entscheidungsrunde haben die Teilnehmer je Gruppe anzugeben, welche drei dieser vier oder alle vier der Bewertung zugeführt werden sollen. Zudem haben die Teilnehmer über das jeweilige Gewicht der ausgewählten Bewertungskriterien zu befinden. Im Minimum darf ein Kriterium mit 20 % im Maximum mit 50 % gewichtet werden. Über die ersten drei Entscheidungsrunden läuft die Bewertung aller vier Kriterien gleichgewichtet nebenher mit. Auf diese Weise haben die Studierenden die Gelegenheit die Entwicklung aller vier Bewertungskriterien vor dem Hintergrund ihrer Entscheidung und des Marktgeschehens zu reflektieren. Ab der vierten Entscheidungsrunde wird dann die durch die Teilnehmer definierte Bewertung „scharf" gestellt.

Die Bewertung erfolgt nicht absolut, sondern in Relation der erreichten Kriterien aller Unternehmen zueinander. Hier mal ein Beispiel: Zu bewerten sind die erreichten Aktienkurse von sieben Unternehmen.

Tab. 4.2: Relative Bewertung der erreichten Aktienkurse (1) (Vgl. hierzu das Bewertungsblatt in der Abbildung 4.14.)

Unternehmen	Aktienkurs
1	237,74 €
2	227,93 €
3	223,58 €
4	238,61 €
5	214,65 €
6	240,52 €
7	241,31 €

Im ersten Schritt wird der minimale und maximale Aktienkurs identifiziert und aus beiden die Differenz betrachten: 241,31 € – 214,65 € = 26,66 €.

Insofern wir davon ausgehen, daß der mit dem Planspiel verbundene Arbeitsumfang immens ist, wird die schlechteste Unternehmensperformance nicht zum Nichtbestehen der Planspielleistung beitragen. Selbst ein negatives Eigenkapital führt nicht zum Nichtbestehen, sondern zu einer Bewertung mit einer 4,0 und der Möglichkeit zum Weiterarbeiten. Daher werden für die Bewertung nur die Noten 1,0; 2,0; 3,0 und 4,0 genutzt.

Im zweiten Schritt wird die Differenz durch die Anzahl der Noten dividiert, um den Notensprung zu ermitteln: 26,66 € : 4 = 6,67 €. Somit ergeben sich die vier Noten auf Basis einer Abstandsmessung zwischen der besten und der schlechtesten Zielerreichung wie folgt:

$$
\begin{array}{llll}
214,65\,€ & \text{bis} & 221,32\,€ & = & 4,0 \\
221,32\,€ & \text{bis} & 227,98\,€ & = & 3,0 \\
227,99\,€ & \text{bis} & 234,65\,€ & = & 2,0 \\
234,65\,€ & \text{bis} & 241,31\,€ & = & 1,0
\end{array}
$$

Die Bewertung der Aktienkurse der sieben Unternehmen lautet demnach:

Tab. 4.3: Relative Bewertung der erreichten Aktienkurse (2)

Unternehmen	Aktienkurs	Note
1	237,74 €	1,0
2	227,93 €	3,0
3	223,58 €	3,0
4	238,61 €	1,0
5	214,65 €	4,0
6	240,52 €	1,0
7	241,31 €	1,0

Diese Bewertung der „Normalleistung" ergänzen wir noch durch einen Bewertungsrahmen für besonders gute oder schlechte Leistungen.

Eine Schlechtleistung liegt für uns vor, wenn das Unternehmen in die Insolvenz „getrieben" wurde. Für alle erkennbar ist dies, wenn das Eigenkapital für den Verlustausgleich vollständig aufgezehrt wurde oder sogar einen negativen Betrag aufweist. In einem solchen Fall werden alle Bewertungskriterien ausgeschaltet und die Planspielleistung mit einer 4,0 bewertet. Diese Restriktion ist unserer Einschätzung notwendig, weil einzelne Spielgruppen über eine (zu) starke Orientierung auf die Unternehmensziele Produktivität (überzogene Trainings und Personalnebenkosten) und Kundenzufriedenheit (über einen kontinuierlich stark sinkenden Preis) oftmals das Gewinnstreben außer acht lassen und somit die Marktverhältnisse für alle anderen Unternehmen realitätsfern beeinflussen.

Das jeweilige Unternehmen verbleibt am Markt, weil ja die Banken dem Unternehmen weiterhin Kredite gewähren. Die Studierenden dieses Unternehmens dürfen weiterarbeiten, denn wie im „normalen Leben" auch kann dem Unternehmen eine erfolgreiche Sanierung widerfahren und Eigenkapital wiedererwirtschaftet werden. Gelingt dies, dann greifen die zuvor selbstgesetzten Bewertungskriterien wieder.

Die besondere Bewertung von Bestleistungen knüpft am Leistungsgeschehen der gesamten Gruppe, also aller Unternehmen an. Wenn bspw. zum Spielende die Aktienkurse aller Unternehmen oberhalb von 300 € liegen, dann wird als schlechtmöglichste Note eine 3,0 gesetzt. Demgemäß werden die einzelnen Bewertungskriterien nicht mehr mit den vier Noten 4,0; 3,0; 2,0 und 1,0), sondern mit den Noten 3,0; 2,3; 1,7 und 1,0 verknüpft. Dies kann durchaus auch für noch höhere Aktienkurse mit weiter verbesserten Noten angewendet werden.

Die Transparenz der Bewertung

Die frühzeitige Information zu diesem Bewertungssystem und die regelmäßige Aktualisierung der Noten nach jeder Spielrunde in einer Excel-Tabelle führten dazu, daß die Studierenden trotz der Komplexität schnell wußten, worum es ging und worauf in ihrer Gruppe zu achten war. Die große Akzeptanz ist maßgeblich auf den Einbezug der Studierenden bei der Auswahl und Gewichtung der notenrelevanten Ziele zurückzuführen.

Eigens dazu haben wir ein Excel-Blatt entwickelt, welches wir beginnend nach der ersten und zu jeder weiteren Entscheidungsrunde den Teilnehmern in PDF-Form zur Kenntnis geben. Auf diese Weise können sie die Entwicklung ihrer vier Bewertungskriterien und die aller anderen Gruppen kontrollieren. Ab der vierten Periode, wenn sie die Auswahl und die Gewichtung der für sie relevanten Bewertungskriterien festgelegt haben, wird sich ihr Blick nur noch auf diese Festlegung ausrichten. Im Rahmen einer Selbstkontrolle wird so regelmäßig überprüft, wie die getroffenen Maßnahmen in der gerade abgeschlossenen Entscheidungsrunde auf die eigenen Unternehmensziele wirken.

Auf den nächsten beiden Seiten ist beispielhaft aus dem Spiel von sieben Unternehmen das Bewertungsblatt für die erste und die achte Entscheidungsrunde zu sehen.

Bewertung der Planspielleistung

	U1	U2	U3	U4	U5	U6	U7	Notensprung
aktuelle Gesamt-Produktivität der Mitarbeiter (Copy Classic)	1,02	0,99	0,96	0,96	0,98	1,00	1,00	0,02
Note	1,0	2,0	4,0	4,0	3,0	2,0	2,0	
P 1	63,26	71,36	68,42	68,12	69,88	71,36	65,41	
P 2								
P 3								
P 4								
P 5								
P 6								
P 7								
P 8								
durchschnittliche Kunden-zufriedenheit am Markt 1	63,26	71,36	68,42	68,12	69,88	71,36	65,41	2,03
Note	4,0	1,0	2,0	2,0	1,0	1,0	3,0	
aktueller Aktienkurs	237,74	227,93	223,58	238,61	214,65	240,52	241,31	6,67
Note	1,0	3,0	3,0	1,0	4,0	1,0	1,0	
P 1	4,75	2,55	1,51	4,39	1,35	3,91	4,65	
P 2								
P 3								
P 4								
P 5								
P 6								
P 7								
P 8								
EVA (kumuliert)	4,75	2,55	1,51	4,39	1,35	3,91	4,65	0,85
Note	1,0	3,0	4,0	1,0	4,0	1,0	1,0	
Gewichtung								
aktuelle Produktivität	25%	25%	25%	25%	25%	25%	25%	
durchschnittliche Kundenzufriedenheit	25%	25%	25%	25%	25%	25%	25%	
aktueller Aktienkurs	25%	25%	25%	25%	25%	25%	25%	
EVA	25%	25%	25%	25%	25%	25%	25%	
Gesamtnote	1,75	2,25	3,25	2,00	3,00	1,25	1,75	
Note mangels EK								
Normalgewichtet	1,75	2,25	3,25	2	3	1,25	1,75	

Abb. 4.14: Bewertungstabelle von sieben Unternehmen nach Periode 1

Dieses nur mit den Daten der Bewertungen der Ergebnisse der ersten Entscheidungsrunde gefüllte Bewertungsblatt läßt sich in den Lehrveranstaltungen nutzen, um folgendes zu zeigen:

– die grundsätzliche Struktur der Bewertung der Planspielleistung,
– die Funktionsweise des Notensprunges,
– den Teil Gewichtung der gewählten Bewertungskriterien und
– nachrichtlich die Bewertung der Planspielleistung ohne Gewichtung.

Bewertung der Planspielleistung

	U1	U2	U3	U4	U5	U6	U7	Notensprung
aktuelle Gesamt-Produktivität der Mitarbeiter (Copy Classic)	1,40	1,44	1,44	1,35	1,39	1,43	1,43	0,02
Note	1,3	1,0	1,0	2,0	1,7	1,0	1,0	
P 1	63,26	71,36	68,42	68,12	69,88	71,36	65,41	
P 2	81,49	84,59	75,98	74,91	70,94	74,87	81,99	
P 3	84,72	84,18	81,35	89,82	79,45	76,24	84,8	
P 4	87,11	86,15	78,25	85,44	85,88	87,94	82,61	
P 5	85,27	88,92	81,31	85,59	82,81	84,24	81,93	
P 6	85,2	89,24	87,15	88,59	93,55	87,33	83,4	
P 7	84,12	86,87	84,97	88,61	84,68	82,51	88,09	
P 8	79,62	87,21	86,73	87,89	83,06	90,3	86,13	
durchschnittliche Kunden-zufriedenheit am Markt 1	81,35	84,82	80,52	83,62	81,28	81,85	81,80	1,07
Note	2,0	1,0	2,0	1,3	2,0	1,7	1,7	
aktueller Aktienkurs	659,87	631,69	758,16	594,18	683,87	514,99	744,87	60,79
Note	1,3	1,7	1,0	1,7	1,3	2,0	1,0	
P 1	4,75	2,55	1,51	4,39	1,35	3,91	4,65	
P 2	4,01	3,12	7,14	7,11	9,91	4,07	8,68	
P 3	5,51	-4,29	2,77	-1,7	3,03	1,99	6,03	
P 4	11,73	6,55	10,47	5,38	0,37	-2,11	16,57	
P 5	19,71	9,25	27,29	9,35	9,3	9,06	22,02	
P 6	9,69	10,4	19,28	5,4	20,36	-0,76	21,22	
P 7	14,99	10,58	27,26	6,31	19,43	6,69	27,74	
P 8	15,01	22,49	32,61	5,41	17	1,95	18,13	
EVA (kumuliert)	85,4	60,65	128,33	41,65	80,75	24,8	125,04	25,88
Note	1,3	1,7	1,0	2,0	1,3	2,0	1,0	

Gewichtung								
aktuelle Produktivität	25%	30%	50%	30%	50%	50%	20%	
durchschnittliche Kundenzufriedenheit	0%	50%	0%	30%	0%	25%	0%	
aktueller Aktienkurs	50%	20%	25%	20%	25%	0%	50%	
EVA	25%	0%	25%	20%	25%	25%	30%	
Gesamtnote	1,30	1,14	1,00	1,73	1,50	1,43	1,00	
Note mangels EK								
Normalgewichtet	1,475	1,35	1,25	1,75	1,575	1,675	1,175	

Abb. 4.15: Bewertungstabelle der sieben Unternehmen nach Periode 8

Im Bewertungsblatt nach der Periode 8, also am Spielende, sind neben den bereits verdeutlichten Aspekten noch zu erkennen, wie die Gewichtung der Bewertungs-kriterien erfolgte, und wie gut alle Unternehmen in Summe gearbeitet haben. Die schlechteste Note bei der Bewertung der einzelnen Kriterien war hier eine 2,0, weil der Aktienkurs des schlechtesten Unternehmens mittlerweile oberhalb von 500 € lag.

4.3.3 Gewichtung und Grad der Zielerreichung

Weitergehend interessant an einem Bewertungsblatt am Spielende sind die Erkenntnisse über den Grad der Zielerreichung jeder Teilnehmergruppe. An dem Bewertungsblatt aus der Abbildung 4.15 wird zunächst deutlich, daß es allen Unternehmens-Gruppen geschafft haben, über ihre in der vierten Entscheidungsrunde getroffene Auswahl und Gewichtung der Bewertungskriterien eine Planspielnote zu erhalten, die besser war als die normalgewichtete Note.

Aus einer Analyse der erreichten Planspiel-Ergebnisse aus den letzten zehn Semestern wird erkennbar, daß in 75 % die Gruppen eine solche Verbesserung erreichen konnten. In 15,4 % der Fälle gelang über die Auswahl und Gewichtung der Bewertungskriterien keine Notenverbesserung. Bei den restlichen 9,6 % kam es nur zu einer Bestätigung der Note aus der Normalgewichtung.

Eine Betrachtung der Möglichkeiten, bei der Bewertung ein Kriterium auf 0 % oder im anderen Extremfall auf 50 % zu setzen, konnten folgende Beobachtungen gemacht werden. Bei 40,4 % der Spielgruppen wurde das Gewicht von 50 % genutzt, um eines der Bewertungskriterien einen besonderen Stellenwert zu geben. Allerdings nutzten 86,5 % der Spielgruppen die Möglichkeit ein Bewertungskriterium abzuwählen. Demgemäß war dies dann kein Thema mehr in der Unternehmensführung, und die anderen drei Kriterien wirkten nahezu gleichverteilt. Welche der Kriterien besonders gewichtet oder abgewählt wurden, ergibt sich aus der folgenden Tabelle:

Tab. 4.4: Bewertungsschwerpunkte der Unternehmensführung

| Gewichtung | Zur Wahl stehende Bewertungskriterien | | | |
	Produktivität	Kundenzufriedenheit	Aktienkurs	EVA
50 %	57,2 %	33,3 %	9,5 %	–
0 %	12,5 %	37,5 %	10,4 %	39,6 %

Von den Gruppen, die mit der Wahl von 50 % sich selbst einen klaren Schwerpunkt für ihre Unternehmensentscheidungen geben wollten, entschieden sich 57,2 % für das Kriterium „Aktuelle Gesamtproduktivität der Mitarbeiter (Copy Classic)". Hier kann vermutet werden, daß es den Studierenden in den ersten vier Entscheidungsrunden gelang, Maßnahmen zu identifizieren, die die aktuelle Gesamtproduktivität (vermutlich einfach) beeinflussen. Die Wertorientierte Kennzahl „Economic Value Added" kam überhaupt nicht in Frage. Diese Einschätzung deckt sich mit den Erkenntnissen aus der Analyse der abgewählten Bewertungskriterien. Bei den Gruppen, die eines der Kriterien abgewählt haben, entschied sich die Mehrheit (39,6 %) für den Economic Value Added. Für die Lehre in einem Modul, in welchem das Planspiel zum Einsatz kommt, wird somit die Frage aufgeworfen, ob das Thema der wertorientierten Unternehmensführung und ihrer Messung zu einem besonderen Gegenstand gemacht werden sollte.

Daß der Aktienkurs eine zentrale Rolle bei einer Bewertung der Unternehmensleistung einnimmt, ist von sehr vielen Spielgruppen erkannt worden. Nur 10,4 % der Spielgruppen wählten den Aktienkurs ab. Warum nur 9,5 % der Spielgruppen den Aktienkurs für einen klaren Bewertungsschwerpunkt nutzten, kann nur damit erklärt werden, daß den Teilnehmern wohl die gestaltbaren Einflußgrößen auf den Aktienkurs zu vielschichtig und hinsichtlich ihres Einzeleinflusses auf den Aktienkurs zu undurchsichtig waren.

4.3.4 Teilnahme-Urkunde

Insofern wir in der Bewältigung einer solchen Studien- und Prüfungsleistung eine auf Grund der zu beherrschenden Komplexität über die üblichen Studienanforderungen hinausgehende Leistung sehen, bieten wir den Teilnehmern als Beleg die Ausstellung einer Teilnahme-Urkunde an. Jeder, der erfolgreich am Planspiel teilgenommen hat, kann in dem bereitgestellten Word-Dokument der Teilnahme-Urkunde seinen Namen eintragen und es uns zur Unterschrift zusenden.

Viele größere Unternehmen nutzen Planspiele für die hausinterne Fort- und Weiterbildung der für Führungsaufgaben vorgesehenen Mitarbeiter. Diesen ist ein solches Planspiel und die in diesem Zusammenhang erbrachten Leistungen bekannt und eine entsprechende Bestätigung der bereits erworbenen Kompetenzen bspw. in einer Teilnahme-Urkunde sehr willkommen. Im Rahmen der Bewerberauswahl kann darin ein Vorteil gesehen werden.

FH Bielefeld
University of
Applied Sciences

TOPSIM®

Urkunde

über die erfolgreiche Teilnahme an dem Planspiel

TOPSIM – General Management

Frau/Herr

absolvierte im Wintersemester 2020/21 das Planspiel TOPSIM – General Management in der Version 15.3 Pro-Szenario. Das Planspiel umfaßte dabei 8 Simulationsperioden.

Erworbene Fertigkeiten und Kenntnisse: Einsatz modulübergreifender betriebswirt-schaftlicher und rechtlicher Kenntnisse zur Steuerung eines börsennotierten Unter-nehmens mit über 1.200 Mitarbeitern in den Bereichen Absatz, Produktion, Personal-wesen, Rechnungswesen, Finanzwesen unter operativen und strategischen Aspekten.

Die Unternehmenssimulation erstreckte sich mit 4 Semesterwochenstunden über einen Zeitraum von 10 Wochen. Der Gesamt-Arbeitsaufwand lag mit 6 ECTS bei ca. 150 bis 180 Arbeitsstunden. Aufgrund der Corona-Pandemie erfolgte das gesamte Semester als online-Lehre. Die Unterrichtseinheiten zu den Entscheidungen und zu den Analysen fanden ausschließlich über das Videokonferenz-Tool Zoom statt.

Prof. Dr. Jürgen Schneider   Prof. Dr. Heiko Burchert

Bielefeld, 13. Januar 2021

TOPSIM®

LEARNING BUSINESS BY DOING BUSINESS

Abb. 4.16: Vorlage einer Teilnahme-Urkunde

5 Ausblick

In diesem Band wurden Studierende an das TOPSIM-Planspiel „General Management" herangeführt und Lehrende mit einer solch anwendungsbezogenen Möglichkeit der Gestaltung von BWL-bezogenen Studienanteilen inhaltlich wie auch organisatorisch vertraut gemacht. Einsatzziele dieses Planspieles in den unterschiedlichen Studiengängen an der Fachhochschule Bielefeld sind:

– in den Bachelor-Studiengängen „Betriebswirtschaftslehre" sowie „Wirtschaftsrecht": Vermittlung des Praxisbezugs und Zusammenführung der Inhalte und Konzepte der bis dahin isoliert voneinander vermittelten Einzeldisziplinen;
– im Master-Studiengang „Wirtschaftsinformatik": Auffrischen der betriebswirtschaftlichen Kenntnisse und Ergänzung um einen Praxisbezug;
– für technische Studierende des MBA für Ingenieure und Naturwissenschaftler zur Vermittlung betriebswirtschaftlicher Grundlagen.

Coronabedingt hat sich der Einsatz des Unternehmens-Planspieles auch im Rahmen der online-Lehre bzw. des distance learnings als praktikabel und zielführend erwiesen.

Abb. 5.1: Einsatz von Planspielen an der FH Bielefeld (Quelle: Vgl. den Blogbeitrag in TOPSIM (2021).)

https://doi.org/10.1515/9783110686111-005

Darüber hinaus wurden und werden phasenweise auch weitere Planspiele zum Einsatz gebracht:

- „Easy Management": Im Rahmen der Vermittlung von Grundlagen der Betriebswirtschaftslehre:
- „Going Global": Im einem Studienfach mit Internationalisierung/Globalisierung als inhaltlichen Schwerpunkt;
- „Manufactoring Management": Vertiefung von betriebswirtschaftlichen Kenntnissen und Ergänzung um den Praxisbezug in „Bindestrich-BWL-Studiengängen";
- „Hospital Management": Vertiefung und Erprobung betriebswirtschaftlicher Kenntnisse in pflege- und therapiewissenschaftlichen Studiengängen.

Aktuell konzipieren wir beim Planspiel „Hospital Management" die Spielgruppen intern aus Studierenden der Ziel-Studiengänge (Pflege- und Therapiewissenschaften) ergänzt um jeweils einen BWL-Studierenden eines höheren Semesters bestehen zu lassen. Dies wäre ein wirklicher Beitrag zum fachbereichsübergreifenden Lernen an der FH Bielefeld.

Die BWL-Studierenden bekämen damit einen Einblick in ein aktuell an Bedeutung gewinnendes Anwendungsfeld der Betriebswirtschaftslehre. Die Studierenden der pflege- und therapiewissenschaftlichen Studiengängen erleben auf diese Weise unmittelbar, wie die Entscheidungspraxis in Krankenhäusern strukturiert ist und worin mögliche Entscheidungskonflikte bestehen, wenn wie hier geplant bereits (nur) zwei Experten aus unterschiedlichen Bereichen um die Entscheidungen der nächsten Entscheidungsrunde ringen.

Literatur

Burchert, Heiko; Jürgen Schneider und Michael Vorfeld (2017): Investition und Finanzierung. Klausuren, Aufgaben und Lösungen, 3. Auflage. Berlin/Boston.

TOPSIM (2021): Distance learning mit TOPSIM vom ersten Semester bis zum Master an der Fachhochschule Bielefeld. Blogbeitrag vom 7. Januar 2021. Herunterladbar unter: https://blog.topsim.com/distance-learning-fh-bielefeld/.

TOPSIM (2019a): Leistungsmessung und Benotung im Planspiel an der Fachhochschule Bielefeld. Blogbeitrag vom 18. November 2019. Herunterladbar unter: https://blog.topsim.com/leistungsmessung-und-benotung-im-planspiel/.

TOPSIM (2019b): TOPSIM – General Management. Teilnehmerhandbuch Einführung. Version 15.3 Pro Szenario. Tübingen. Herunterladbar von: https://cloud.topsim.com/index.php?id=9#handbooks.

TOPSIM (2019c): TOPSIM – General Management. Unterlagen für den Seminarverlauf. Wirtschaftsprognose 8 Perioden. Version 15.3 Pro Szenario. Tübingen. Herunterladbar von: https://cloud.topsim.com/index.php?id=9#handbooks.

Wöhe, Günter; Ulrich Döring und Gerrit Brösel (2020): Einführung in die Allgemeine Betriebswirtschaftslehre, 27. Auflage. München.

https://doi.org/10.1515/9783110686111-006

Tabellenverzeichnis

https://doi.org/10.1515/9783110686111-007

Abbildungsverzeichnis

https://doi.org/10.1515/9783110686111-008

Stichwortverzeichnis

https://doi.org/10.1515/9783110686111-009

Zu den Autoren

Burchert, Heiko

Prof. Dr. rer. pol., Dipl.-Ing.-Ökonom, geb. 1964, Professur für das Fachgebiet Betriebswirtschaftliche und rechtliche Grundlagen des Gesundheitswesens am Fachbereich Wirtschaft
sowie am Fachbereich Gesundheit der Fachhochschule Bielefeld. Arbeits- und Forschungsgebiete: Ökonomie der Telemedizin und des Diabetes mellitus, Grundlagen der Betriebswirtschaftslehre, Betriebliche Finanzwirtschaft sowie Anrechnung von beruflichen und hochschuli-
schen Kompetenzen, Unternehmenssimulation.

Schneider, Jürgen

Prof. Dr. rer. pol., Dipl.-Hdl., geb. 1962, Professur für die Fachgebiete Betriebswirtschaftslehre
und Rechnungswesen am Fachbereich Wirtschaft der Fachhochschule Bielefeld. Arbeits- und
Forschungsgebiete: Grundlagen der Betriebswirtschaftslehre, Externes und internen Rechnungswesen und Unternehmenssimulation.

https://doi.org/10.1515/9783110686111-010

Lehr- und Handbücher der Wirtschaftswissenschaft

Bisher erschienene Titel:

IFRS-Rechnungslegung: Grundlagen – Aufgaben – Fallstudien, 2. Auflage
Brösel, Zwirner (Hrsg.), 2009
ISBN 978-3-486-58839-2, e-ISBN (PDF) 978-3-486-84892-2

Externes und internes Rechnungswesen: Klausuren, Aufgaben und Lösungen
Burchert, Razik, Schneider, Vorfeld, 2014
ISBN 978-3-486-73573-4

Betriebswirtschaftliche Unternehmensführung: Aufgaben und Lösungen zum TOPSIM-Planspiel General Management
Burchert, Schneider, 2021
ISBN 978-3-11-068609-8, e-ISBN (PDF) 978-3-11-068611-1,
e-ISBN (E-PUB) 978-3-11-068630-2

Investition und Finanzierung: Klausuren, Aufgaben und Lösungen, 3. Auflage
Burchert, Schneider, Vorfeld, 2017
ISBN 978-3-11-046927-1, e-ISBN (PDF) 978-3-11-046926-4,
e-ISBN (E-PUB) 978-3-11-046940-0

Unternehmensbewertung, 4. Auflage
Hering, 2021
ISBN 978-3-11-073886-5

Unternehmensbewertung, 5. Auflage
Hering, 2017
ISBN 978-3-11-052884-8

Unternehmensnachfolge, 2. Auflage
Hering, Olbrich, Klein, 2018
ISBN 978-3-11-053668-3

BWL-Klausuren: Aufgaben und Lösungen für Studienanfänger, 4. Auflage
Hering, Toll, 2015
ISBN 978-3-11-040197-4

BWL kompakt: Kurzlehrbuch für Studienanfänger
Hering, Toll, 2019
ISBN 978-3-11-063088-6

Unternehmensgründung, 2. Auflage
Hering, Vincenti, Gerbaulet, 2018
ISBN 978-3-11-053668-3

Produktionswirtschaft: Aufgaben und Lösungen, 2. Auflage
Rollberg, Hering, Burchert (Hrsg.), 2010
ISBN 978-3-486-59091-3